당신을 위해 기도해도 될까요?

채영광

몹시 피곤해 보이시네요
어디 아프신 건 아닌가요?
제가 당신을 위해 기도해 드려도 괜찮을까요?

많이 지쳐 보이시네요
힘든 일이 생긴 건 아닌가요?
제가 당신을 위해 기도해 드려도 괜찮을까요?

얼굴이 어두워 보이시네요
마음이 어려우신 건 아닌가요?
제가 당신을 위해 기도해 드려도 괜찮을까요?

지금
여기서
당신의 손을 잡고
당신을 위해
기도해도 될까요?

오로지 당신을 위해
기도할 수 있어
얼마나 행복한지요

제가 심는 작은 기도가
당신의 사막에
단비를 몰고 오는 잊혀졌던 구름 한 조각이 되길
그늘이 넉넉한 이름 모를 나무 한 그루가 되길
슬퍼서 아름다운 따뜻한 햇살 한 줌이 되길
온 마음을 담아
기도합니다

이 순간
당신을 위해
기도합니다

당신을 위해 기도해도 될까요?

|||

이 책을
나의 변함없는 후원자, 든든한 손,
아낌없이 주는 나무가 되어 주셨던
장인어른(故 정익준 집사)께 헌정합니다.

당신을 위해 기도해도 될까요?

지은이 | 채영광
초판 발행 | 2022. 8. 24
6쇄 발행 | 2024. 12. 12
등록번호 | 제1988-000080호
등록된 곳 | 서울특별시 용산구 서빙고로 65길 38
발행처 | 사단법인 두란노서원
영업부 | 2078-3333   FAX | 080-749-3705
출판부 | 2078-3331

책값은 뒤표지에 있습니다.
ISBN 978-89-531-4291-6 03230

독자의 의견을 기다립니다.
tpress@duranno.com   www.duranno.com

ⓒ 이 출판물은 저작권법에 의해 보호를 받는 저작물이므로
무단 전재와 무단 복제, 무단 사용을 할 수 없습니다.

두란노서원은 바울 사도가 3차 전도여행 때 에베소에서 성령 받은 제자들을 따로 세워 하나님의
말씀으로 양육하던 장소입니다. 사도행전 19장 8-20절의 정신에 따라 첫째 목회자를 돕는 사역과
평신도를 훈련시키는 사역, 둘째 세계선교(TIM)와 문서선교(단행본·잡지) 사역, 셋째 예수문화 및 경배
와 찬양 사역, 그리고 가정·상담 사역 등을 감당하고 있습니다. 1980년 12월 22일에 창립된 두란
노서원은 주님 오실 때까지 이 사역들을 계속할 것입니다.

당신을 위해 기도해도 될까요?

시카고 암 전문의가 만난
뜻밖의 하나님

채영광 지음

소망이 우리를 부끄럽게 하지 아니함은
우리에게 주신 성령으로 말미암아
하나님의 사랑이 우리 마음에 부은 바 됨이니
_롬 5:5

두란노

3부 제자들을 향한 하나님의 사랑의 언어

6부 이미 시작된 부흥

추천사

영락교회 고등부 제자 중에 안수현이라는 친구가 있었다. 《그 청년 바보의사》라는 책으로 유명한 친구다. 예수님처럼 33살 젊은 나이에 바삐 하나님 나라에 간 친구다. 정말 예수님 닮은 훌륭한 기독 의사의 전형이었던 친구다. 시카고의 노스웨스턴대학 병원의 채영광 선생을 보면 바보의사 안수현을 닮았다는 생각이 들곤 한다. 채영광 선생이 《당신을 위해 기도해도 될까요?》라는 책을 출판하였다. 《그 청년 바보의사》를 읽는 것 같은 기분이 든다. 이런 훌륭한 기독 의사들이 계속해서 나오는 것은 참 감사한 일이 아닐 수 없다.

○ **김동호** 목사 , 에스겔 선교회 대표

《뜻밖의 장소에서 만난 하나님》은 꽤 오래전에 읽었지만 지금도 그 감동이 살아 있는 기독교 영성 작가 필립 얀시의 책 제목입니다. 그는 그 책을 통해 놀라운 하나님의 역사들을 인간적인 생각과 마음으로는 기대할 수 없는 그런 장소들 속에서 찾아내서 그곳에 뚜렷하게 새겨져 있는 하나님 손길의 자국(fingerprint)들을 담담하게 증언합니다. 시카고 다운타운 한복판에서 만난 채 교수님과 그의 연구실에서 일어나고 있는 일들은 제 가슴을 뛰게 하는 분명한 하나님의 일하심이었고, 또 하나의 '뜻밖의 장소에서 만나는 하나님'의 생생한 역사들이었습니다.

연구실에서 실습 기회를 부여받고 열심히 연구와 실습에 참여하고 있었던 한 한국인 의사를 기억합니다. 그는 한국에서 전혀 예수님을 믿지 않던 이로 그야말로 아메리칸 드림을 꿈꾸며 미국에서의 의사 생활 기회를 찾아 알아보던 중, 채 교수님이 그런 이들을 가장 잘 도와주는 의사로 이미 소문이 나 있기 때문에 연락을 드려 오게 된 의사였습니다. 그분과의 개인 면담 시간에 그는 저에게 분명하게 밝혔습니다.

"교수님과 함께 생활하면서 느낀 것이 있습니다. 저는 아직 신앙에 대해서 잘 모르지만, 교수님이 믿는 하나님이라면 저도 한번 깊이 생각해 봐야겠다는 점은 확실합니다."

그는 저와 면담한 후 몇 주 지나지 않아 예수님을 영접하였습니다. 그리고 영

8

접하고 2주 후에 다음과 같은 기도를 드렸습니다.

"하나님 아버지, 안녕하세요. 저 OO입니다. 하나님, 제가 하나님을 믿는 것을 더 잘할 수 있다면, 제게도 고난을 주시면 좋겠습니다…"

자신보다 뛰어난 훌륭한 후배 의사들을 양성하는 것이 인생의 기쁨이자 비전이어서 자신의 모든 것으로 후배들을 돕고 섬기는 그는 주체할 수 없는 눈물을 환자와 가족들을 위해 흘리는 사랑을 예수님께 선물로 받은 기독 의사입니다. 채 교수님의 연구실에서의 하나님의 역사를 기록하고 증언한 이 책의 출간을 마음 다해 축복하고 기뻐합니다. 이 책은 단지 시작에 불과하다고 믿고 있습니다. 노스웨스턴대학 병원과 그의 제자들로 인해 여러 의료 현장들에 더 놀라운 하나님 나라의 도래를 고대하며 이 책을 마음 다해 추천합니다.

○ **김태훈** 에티오피아 선교사

삶의 현장은 치열합니다. 제자로 살아야 하는 삶의 현장은 치열함을 넘어 혼란스럽기까지 합니다. 그래서일 겁니다. 목회할 때 "그러니까 어떻게 살라는 말입니까"라는 질문을 참 많이 받았습니다. 설교를 들으며 감동이 있어도 그다음에 찾아오는 괴리감과 혼란스러움은 믿음으로 살아 내려는 사람들에게는 불가피한 것이었을 텐데, 현장을 모르는 저는 원칙만 말하고 있다는 한계를 벗어나기 어려웠습니다.

그런 저에게 채영광 박사의 이 책은 가뭄 끝의 단비와 같았습니다. 이 책은 전인적인 기독교인의 삶이라는 신학적인 문제를 논리적으로 접근하지도 않았고, 모두에게 적용해야 할 원칙을 제공하지도 않았습니다. 그럼에도 많은 사람들이 고민하고 있는 문제들을 다루고, 방향을 제시하고 있는 것처럼 보입니다. 어떻게 살아야 하는가를 말하기보다는 어떤 자세로 살아야 하는가를 말하고 있기 때문이고, 단순히 어떤 일이 있었는가를 말하기보다 어떤 마음으로 살았는가를 말하고 있기 때문입니다. 이 책은 믿음으로 살려는 모든 사람의 갈증에 단비와 같은 역할을 하리라 확신하며 이 책을 추천하기보다는 이 책의 저자인 채영광 박사의 삶을 추천합니다.

○ **노진준** 목사, 설교 코치 사역(Preaching Coaching Ministry) 공동 대표

이 책은 하나님의 사랑으로 사람을 만들어 가시고, 그 여정 가운데 소명을 깨닫고 치열하게 선교적 삶을 살아가게 되는 믿음의 서사입니다. 오랜 시간 선교사로 살면서 평생의 질문이 된 선교적 삶을 어떻게 살아 낼 것인지에 대한 실제적인 제안과 답을 제시하는 선교 동원 서신이기도 합니다. 저자의 말대로 "선교적 삶은 하나님께 순종하고 의지하면 저절로 살아지는 삶"이고, "Pay back이 아닌 Pay forward 하는 삶"이라고 하는 깊이 있는 선교적 성찰에 전적으로 동의하고, 새로운 관점을 얻게 되었습니다.

개인적으로는 《그 청년 바보의사》인 故 안수현 선생의 1년 의대 선배로서 그의 삶을 옆에서 지켜보았던지라, 안수현 선생이 살아 있다면, 지금의 채 교수님처럼 살고 있지 않을까 하는 생각이 많이 들었습니다. 채 교수님은 지금 이 땅에서 우리 삶의 현장을 포도원으로, 땅끝의 선교지로 섬기시는 '장성한 그 청년 바보의사'인 줄 믿습니다.

이 책을 읽은 모든 독자들의 마음에 하나님의 마음이 부어지고 접붙여져서, 선교적 삶의 사명을 발견하게 되기를 기대합니다. 그 하나님의 마음이 더 깊어지고 넓어질 때에, 우리 모두는 주님을 더 닮아 가는 하나님의 '영광'이 될 것입니다.

○ **박관태** 전 몽골 아가페 병원 원장 , 이식외과 전문의

"들어가도 되나요?" 입원실의 문을 두드리면서 그는 기도한다. 하나님께서 환자의 마음과 몸을 만져 주시기를, 의사로서 환자를 사랑하며 긍휼히 여기는 마음을 주시기를! 기도로 시작된 이 만남은 때로 "제가 기도해 드려도 될까요?"라고 말할 용기로 이어지기도 한다. 그런 작은 용기를 통해서 하나님께서 하신 놀랍고 큰 일들이 이 책을 가득 채우고 있다.

암 학계와 세계의 유력 언론들이 주목하는, 세계 곳곳에서 배우고 싶어 하는 후학들이 쇄도하는 명의(名醫)지만, 환자 한 사람과 눈을 맞추고 그 아픔에 공감하는 일을 무엇보다 소중하게 생각하는 치유자로서 그는 "의술은 기술이 아니라 관계 맺음의 예술이다"라는 명제를 삶으로 보이고 있다.

의사뿐 아니라 사람을 섬기고 돌보는 이들, 내가 가진 것으로 다른 사람의 삶

을 풍성하게 해 주기를 원하는 모든 이들에게 추천한다. 암을 비롯해 무섭고 지겨운 질병과 싸우고 있는 이들과 가족들에게는 위로와 소망을 줄 것이다. 기도의 힘이 현실의 삶을 어떻게 바꾸어 놓을 수 있는지 관심을 가진 이들이라면, 이 책이 주는 도전을 결코 잊지 못할 것이다. 주의 깊게 읽는 독자들이라면 "들어가도 되나요?"라는 음성이 나에게 다가오시는 주님의 사랑임을 알고, 그분을 깊이 만나는 은혜를 누리게 될 것이다.

○ **박영호** 포항제일교회 담임목사

일상에서 하나님의 시간을 붙잡는 의료인의 선교적 삶의 이야기가 출간되어 기쁩니다. 채영광 교수의 연락을 받고, 예전 채 교수 부부의 결혼 주례를 서며 함께 찍었던 사진을 열어 보았습니다. 그 시절 채영광 형제는 유난히 맑은 눈망울에 뜨거운 열정을 지닌 청년이었습니다. 시간이 흐르고 글로 만나게 된 채영광 교수는 한결같이 예수님을 더 닮기 위해 고군분투하는 성숙한 제자의 모습을 지니고 있습니다.

현재 내가 있는 곳을 '나의 땅끝'으로 여기며 만나는 이들에게 진심을 다하는 채 교수의 삶은 교회 안과 밖, 신앙과 세상을 분리하여 머리로만 큰소리치는 이 시대에 신앙인의 진면목을 보여 줍니다. 의료인으로, 교수로, 한 가정의 가장으로, 삶의 고비를 지나며 경험한 신앙 고백들이 이처럼 소중한 글로 모아져 읽는 이에게 공명(共鳴)을 일으키게 되어 감사한 마음 가득합니다.

책의 지면(紙面)마다 담겨 있는 저자의 통찰력과 실천적 각론은 세상 속에서 그리스도인답게 살아 내기를 소원하는 이들에게 삶의 체질을 바꾸는 동력이 될 것입니다.

○ **오정현** 사랑의교회 담임목사

예수 믿는 사람은 많지만, "이 사람은 정말 예수님을 믿는 사람"이라고 추천할
수 있는 증인을 내세우라면 주저하게 됩니다. 그래서 채영광 교수의 이 책이
너무나 반갑고 또 고마운 것입니다. 채영광 교수는 서울대 의대를 졸업하고 미
국 의사고시에 합격하여 미국에서 수련 과정을 거쳐 시카고에 위치한 노스웨
스턴대학 병원에서 종양내과 교수로 환자를 진료하며 암 연구를 하고 있으며
매년 미주 코스타에서 멘토와 강사로 섬기고 있습니다. 그것만으로도 사람들
의 관심을 끌 만한 분입니다.

그러나 그에게서 우리가 알고 싶은 것은 그의 신앙입니다. 이 책의 감동은
그가 말하는 믿음은 결코 추상적인 개념이 아니라는 것입니다. 설교자가 강
단에서 외치는 것과도 다릅니다. 그가 실제로 살아 낸 삶 그 자체입니다. 미국
시카고 한 의과대학 교수의 연구실과 진료실에서 부흥이 일어나고 있는 것입
니다.

이 책은 채영광 교수가 2005년 미국에 온 후 현재 일하고 있는 노스웨스턴
대학 병원에 오기까지 주님의 인도를 받은 이야기, 병원과 의대 연구실에서 하
고 있는 사역 이야기, 말기 암 환자들과 보호자들을 사랑하고 섬겼던 이야기,
동료 교수와 제자들과 북클럽과 간증 모임에서 함께 말씀을 나누고, 기도하고,
웃고, 울고, 고민하고, 꿈꾸었던 것을 담아냈습니다.

특히 코로나 19 상황이 그를 더 깊은 은혜의 삶으로 이끈 과정을 나누고 있습
니다. 이 책을 읽으며 또 한 사람의 《그 청년 바보의사》 안수현 의사를 보는 것
같습니다. 사랑으로 환자를 섬기는 마음, 그것은 그대로 주님의 마음이었습니
다. 나라와 환경을 초월하여 주님의 마음을 품고 있는 사람, 예수님의 사람의
증인을 만나는 기쁨이 있습니다.

채영광 교수는 이 책에서 솔직하게 자신을 공개하였습니다. 그래서 우리는
그의 믿음이 진정 무엇이었는지, 그리고 하나님은 왜 그를 통하여 역사하셨는
지를 알게 됩니다. 여러분도 한번 직접 읽어 보시기 바랍니다. 이 책은 채영광
교수가 바라는 대로, 의료인들에게는 삶과 사역의 좋은 가이드가 될 것이고,
환자와 보호자들에게는 놀라운 위로가 될 것이고, 무엇보다 세상이 무서워서

벌벌 떨고 있는 크리스천 청년들, 특별히 유학생 청년들과 전문인들에게 주시는 기도의 응답이 될 것입니다.

○ **유기성** 선한목자교회 담임목사

일터에서 선교적 삶을 살아가는 의사의 이야기가 세상에 나오게 되어 기쁩니다. 사랑은 상대의 아픔에 참여하는 것이라는 것을 저자는 삶을 통해 보여 주고 있습니다. 저자가 써 내려간 사랑 이야기들은 그리스도의 사랑이 흘러 나가는 곳이라면 어디서나 세상이 교통되어지고 진정한 회복이 이루어지는 것을 증거하고 있습니다. 말기 암 환자들과 그들의 가족들 그리고 의료진들에게 한계가 없고 강권하시는 그리스도의 사랑이 실체가 되어 역사하는 사건들을 읽으며 깊은 감동이 밀려오는 것을 경험했습니다. 내가 있는 자리에서 하나님의 나라를 꿈꾸고 '선교적 삶'이 무엇인지 고민하는 모든 전문인들과 신앙인들에게 이 책을 적극 추천합니다.

○ **윤상혁** 평양의학대학 재활의학과 교수

내가 볼티모어 벧엘교회에서 채 박사님을 처음 보았을 때 받은 인상은 '참 해맑은 청년'이었는데, 이 책 속에 나오는 채 박사님은 환자들을 위해서 울며 기도해 주는 특이한 의사이며, 제자들의 레지던트 시험의 도우미이며, 북클럽의 리더이며, 무엇보다 진료실을 선교지로 사용하는 주님의 제자이며, 영적 리더이며, 암 치료 분야의 뛰어난 전문 의료인으로 변했습니다. 저는 이 책을 단숨에 읽었습니다. 그리고 도전을 받았습니다. 날마다 하나님의 사랑으로 새롭게 충만해지기를 진심으로 원하는 그의 모습과 다른 사람들의 성공을 진심으로 원하는 주님의 참제자의 모습을 본받고 싶어집니다. 달려갈 길을 끝까지 완주하시길 기원합니다.

○ **이순근** 다애교회 담임목사, 생터성경사역원 명예회장

교회 밖의 사람들은 교회 안 그리스도인들이 진짜인지 아닌지 금방 알아챈다. 삶과 일터에서 보여 주는 모습에서 우리가 어떤 기준으로 살아가는지, 뭐가 다른지 뼛속 깊이 알고 있다. 종양내과 의사로서 저자는 세상에서 인정받는 실력도 갖추었지만, 하나님은 정작 그의 믿음의 실력을 더 귀히 쓰시는 것 같다. 자신이 맡은 환자, 학생, 동료 의료진들에게 어떻게 하면 진짜 생명과 삶의 가치를 알려 줄까 수고하고 애쓰는 '이상한 의사'를 통해 하나님은 우리에게도 물으신다. "너는 누구의 인정을 바라고 있니?", "너는 뭘 위해 그렇게 애쓰고 있니?" 성공과 행복을 추구하는 이 시대에 세상이 보기에 '이상한 그리스도인'의 삶이 주는 울림이 크다. 우리가 키워야 할 진짜 실력이 일터를 바꾸는 생생한 복음의 현장이 있기에 진심으로 이 책을 추천한다.

○ **이찬수** 분당우리교회 담임목사

모든 그리스도인이 선교사가 될 수는 없지만, 모든 그리스도인들의 삶은 선교사적인 삶이어야 한다. 불행하게도 대부분의 그리스도인은 월요일 무신론자로 산다. 교회를 나서는 순간 복음과는 전혀 상관없는 삶을 사는 것이다.

이 책의 저자인 채영광 박사는 선교사적인 삶을 사는 표본이다. 서울에서 의과대학을 졸업하고 미국에 와서 암 전문의로 놀라운 학문적 업적을 이루었을 뿐 아니라 그리스도인으로서 직장에서 환자들을 위해 기도하고 말씀을 전하며 사는 선교사다. 암으로 어려운 길을 가고 있는 수많은 환자에게 기도와 말씀으로 빛을 비춰 주고 있다. 또한 아침마다 실험실에서 많은 의료인을 대상으로 말씀을 가르치며 그리스도의 제자들을 키워 가고 있다.

교회와 가정과 직장에서 믿음과 삶이 일치하는 삶을 살아가는 그리스도의 표본을 이 책에서 볼 수 있어서 너무도 감사하다.

○ **정수영** 심장외과의, GMMA(Global Medical Missions Allice) 회장

이 불의하고 타락한 시대를 살면서 그리스도인들은 계속 질문합니다. "주님. 대체 어디서 무슨 일을 하고 계신 것입니까?" 이 책은 그 질문에 대한 답입니

다. "너희들이 사랑 없이 바쁘게 살아갈 때 간절히 나의 사랑을 구하는 자들에게 사랑을 넘치도록 부어 주고 있다." 의사인 저자는 날마다 연구실과 진료실에서 또한 가정에서 그 사랑의 손길로 속 사도행전을 써 내려갑니다. 때문에 그가 서 있는 모든 자리가 곧 땅끝임을 깨닫게 합니다.

예수님은 첫사랑을 잃어버린 자녀들에게 '시카고의 이상한 병원' 이야기를 통해 새롭게 제자도를 명하십니다. 책을 읽는 내내 '귀 있는 자'는 반드시 그 음성을 듣게 될 것입니다.

○ **조정민** 베이직교회 담임목사

하나님의 사랑이 부어질 때

2020년 11월, 여전히 꽤나 심각했던 미국의 코로나19 팬데믹(COVID-19) 상황으로 인해 첫째 딸아이가 학교에 가지 못하고, 집에서 모든 수업을 온라인으로 듣게 되었다. 집 밖에 나가지도 못하고, 학교에서 친구들을 만나지도 못해 힘들어하던 딸아이가 안쓰러워, 새벽에 아이를 데리고 내 연구실로 함께 출근하기 시작했다. 내가 진료실에서 환자를 보는 동안 아이는 내 연구실에서 온라인 수업에 참여했다.

딸아이가 나를 따라 연구실에 나오는 날이 조금씩 많아지면서 내 연구실의 제자들과도 자연스럽게 이야기를 나누고 친해지게 되었다. 그러던 어느 날, 하루는 매일 아침 연구실 선생님들과 함께 드리던 기도 시간과 북클럽 시간에 자기도 참여하고 싶다고 했다. 감동이었다. 그리고 내 연구실에서 변화되고 있는 제자들을 보고 그들의 이야기를 들으면서 함께 기뻐하기 시작했다.

어느 날 딸과 함께 누워서 침대에서 이런저런 이야기를 하는데 딸아이가 나에게 말했다.

"아빠, 나는 아빠가 이런 일들을 하고 있는 것을 전혀 알지 못했어요. 그런 줄도 모르고 예전에 아빠를 무시해서 미안해요. 나는 아빠가 참 자랑스러워요."

사실 사랑스러운 딸아이가 사춘기에 접어들면서 아버지인 나와의 관계가 예전 같지 않아졌다. 그 이후, 첫째 딸아이와 사이가 다시 좋아지는 것이 내 기도 제목 중 하나가 되었다. 그런데 코로나로 상황이 어려운 이때 나의 기도가 이렇게 응답될 줄은 몰랐다.

그러면서 '나밖에 모르던 나'를 '사람' 만들어 가신 하나님을 향한 감사가 내 안에 넘치도록 찾아왔다. 그 하나님과 손잡고 지금까지 걸어온 여정들을 자랑하고 싶은 마음이 생겼다. 아무것도 아닌 나를 지금 미국 대학병원에서 암 환자를 진료하고 제자들을 가르치는 교수로 사용해 주고 계신 하나님을 증거하고 싶어졌다. 나와 하나님 둘만이 아는 삶의 이야기들을 나의 세 아이를 위해, 내 제자들을 위해 기록하고 싶어졌다.

나는 2005년 한국에서 의대와 군대를 마치고 미국에 온 이후로 정신없이 달려왔다. 지금은 시카고에 있는 노스웨스턴(Northwestern)대학 병원에서 암 환자들을 진료하고 연구와 교육을 맡고 있다. 조기 임상 시험 공동 센터장으로서 신약 개발과 임상 시험 관련 연구들을 진행하고 있다. 미국 정부와 공동으로 정밀 의학 및 면역 치료 관련 전국적 임상 시험을 관장하고 있다.

표준 치료법으로는 더 이상 치료할 것이 없어서 마지막 희망으로 내 임상 시험 센터 진료실을 찾아오는 환자들이 많다. 물론 그들에게 의학적으로 도움을 줄 수 있을 때, 나는 참 기쁘다. 그러나 때로 그들에게 새로운 치료법이 듣지 않더라도 나는 그들과 공감하고 동행할 수 있어서 행복하다. 함께 웃고 울 수 있어서 기쁘다.

그리고 환자들과 함께 걸어온 이 길 가운데 하나님이 많은 제자들을 보내 주셨다. 나에게는 '일상'이지만 다른 이들에게는 특별한 하나님의 역사로 다가올 수 있다는 생각에 진료실과 연구실에서 일하시는 놀라우신 하나님을 증거하고 싶어졌다.

나는 제자들과 함께 북클럽과 간증 모임을 하면서 하나님의 일하심을 많이 목격했다. 내 진료실 진료는 아침 8시에 시작된다. 그 이전 아침 6시 40분에 모여서 함께 10분 기도를 하고 북클럽을 해 왔다. 그런데 2019년 11월경부터, 노스웨스턴대학의 학부 학생들을 멘토링하게 되면서 학생들이 연구실의 북클럽에 참여하기를 원했다.

하지만 노스웨스턴대학의 본교는 시카고에서 북쪽으로 차로 30분가량 떨어져 있는 에번스턴(Evanston)에 위치하고 있다. 본교에서 병원 근처까지 오는 셔틀버스가 오전 8시 이전에는 운행하지 않기 때문에, 학생들이 온라인 화상 모임으로 북클럽에 참여하게 해 줄 것을 제안했다. 그래서 내 연구실의 사역 모임들이 자연스럽게 온라인 모임을 중심으로 이루어지게 되었다.

그 후 2020년 4월경에 미국의 코로나 상황이 악화되어 대면 모임이 어렵게 되었지만, 우리 연구실은 본래 하던 대로 온라인 모임을 지속하며 하나님의 지혜를 배우고 각자의 삶에 부으시는 하나님의 은혜를 나눌 수 있었다. 그리고 코로나 상황이 아니더라도 내 연구실에 오고 간 많은 사람이 여러 나라와 도시에 흩어져 있었기 때문에, 참여하고 싶은 모든 동문과 멘토들이 시간과 공간에 제약을 받지 않고 참여할 수 있는 플랫폼이 구축되고 있다는 생각이 들었다. 그래서 온라인과 오프라인을 오가는 사역을 통해 하나님이 우리에게 부어 주신 은혜를 증거하는 글을 제자들과 써서 기록해 두어야겠다는 생각을 하게 되었다.

그러던 중, 그 해 10월 LA에서 안식년을 보내고 계시던 에티오피아 김태훈 선교사님이 내 연구실을 방문하셨다. 그리고 며칠간 시카고의 연구실에서 나와 제자들과 함께 시간을 보내시고는, 이곳에서 일어나고 있는 일들을 책으로 기록해 출판할 것을 제안하셨다. 처음에는 사실 당황했다. 나를 드러내는 것 같아 부담스러웠다. 병원에서 환자를 섬기는 의사, 대학에서 제자들을 양육하는 교수들이 많고 그 이야기들이 다 비슷하지 않을까 하는 마음이었다. 그런데 계속 기도하는 도중에 지금 시카고 이곳 진료실에서, 연구실에서 하나님의 부흥이 일어나고 있다는 감동을 주셨다. 그리고 당신의 부흥은 기록해야 한다는 마음을 주셨다. 그래서 오랜 고민 끝에 순종하기로 했다.

그렇게 결정하자 나 자신이 좋은 책들에 빚진 자라는 것을 깨달았다. 《그 청년 바보의사》라는 책을 처음 읽고, 의사로서 신앙과 일이 아름답게 어우러지는 것이 가능하다는 것을 알고 얼마나 감사하고 기뻤는지! 그때의 감동이 되살아났다. 주님이 내 마음에 주신 부흥을 하나님이 나에게 주신 모든 달란트를 사용해서 기록하고 증거하는 일이 방황하던 과거의 나와 같은 지금의 영혼들에게 빚을 갚는 일이 될지 모른다는 생각이 들었다. 그러자 부담감은 서서히 줄어들고 그 자리에 기대감이 피어나기 시작했다.

이 책은 하나님의 살아 계심을 알고 싶어 하는 모든 사람들을 위해 썼다. 특히 신앙과 학문, 신앙과 진료가 통합된 삶이 어떤 모습인지 궁금한 이들을 위해 썼다. 스승이 없어 방황하는 젊은 의료인 또는 의료인 지망생들에게 스 승이 되어 주는 책이 되면 좋겠다. 몸과 마음이 지쳐서 따 뜻한 위로를 갈망하는 환자들, 또 의사들에게 상처받은 환 자들과 가족들에게 하나님의 깊은 위로와 격려가 되는 책 이 되기를 소망한다. 이 책이 누군가의 기도에 응답이 되 는 책이 되었으면 한다.

이 책이 나오기까지 사랑하는 나의 아내이자 내 영혼의 동반자인 정혜인 집사와 세 아이들 린아, 시환, 시아, 나를 아낌없이 지지해 주시고 기도해 주시는 부모님과 장인어 른과 장모님, 내 여동생 부부, 처남 부부, 나의 든든한 동역 자 포도나무 사역 멘토들과 팀원들에게 깊은 감사의 말씀 을 전한다. 또한 자신들의 이야기를 이 책에 함께 나누도 록 허락해 준 제자들, 동료들, 그리고 환자들에게 특별히 고마움을 전한다.

마지막으로 나의 시 "차 한 잔"을 내어 드리며 독자분들 을 내 삶의 이야기로 초대한다.

채영광

차 한 잔

드릴까요?

투박한 찻잔에 장밋빛 끓는 마음을 붓고

쾌청한 가을 호수의 진심을 우리고

따뜻한 허그 한 스푼

위로의 눈빛 두 스푼

격려의 말 세 스푼

넣고 젓는다

토닥토닥

반드시 오고야 말 행복

메리골드 꽃잎을

사알짝

올린다

당신만을 위한 차

나왔습니다

언제든지

또 오세요

1부

사랑이 없던

내게

어느 날

당신을 위해
기도해도 될까요?

사랑이 고픈 사람들을 만나다

코로나 사태 이후부터 내 진료실의 많은 시간이 전화나 영상 진료로 채워지게 되었다. 이 비대면 진료는 거듭하면 할수록 더 힘이 들었다. 비언어적 소통이 없으니 환자의 상태나 주고받는 정보들에 대한 정확한 이해가 어려웠다. 그래서 대면 진료보다 피로도가 높았다.

한번은 흑인 남성 환자가 전화 진료 끝에 갑자기 나에게 기도해 줄 수 없느냐고 물었다. 나는 당황했다. 당시 전화 진료를 하던 회의실에서 내 간호사들과 전임의들도 함께 듣고 있었기 때문이다. 하지만 곧 침착하게 하나님의 은혜와 평강과 회복이 이 환자에게 임하기를 위해 기도했다. 그리고 얼마 후 입원 환자 회진을 도는데 암 투병 중인 할머니가 나에게 "당신이 나를 위해 기도해 주면 좋겠어요"
라고 말했다. 마찬가지로 갑작스러운 부탁에 놀랐다. 하지
만 겉으로는 태연하게 그분의 손을 잡아 드리면서 하나님
의 도우심을 위해 충분한 시간을 두고 기도해 드렸다.

두 가지 일을 겪고 나서 나는 하나님께 묻기 시작했다.
"왜 이런 일이 제게 일어났죠? 무엇 때문입니까?"

그동안 진료나 회진 중에 하나님이 내 마음에 감동을 주
셔서 내가 먼저 환자에게 "내가 당신을 위해 지금 기도해
드려도 좋을까요?" 하고 물었던 경우는 많다. 그때마다 하
나님이 환자들을 사랑하는 마음을 부어 주셔서 기도 중에
목이 메기도 했다. 그런데 환자가 먼저 이렇게 기도해 달라
고 바로 부탁하는 경우는 이전에 한 번도 없었기 때문이다.

새벽에 집을 나서서 시카고 시내로 향하는 고속도로를
달릴 때, 하나님이 갑자기 내 마음에 감동을 주셨다.

'왜 그런지 아니? 네가 너의 환자들을 더 사랑할 수는 없
겠니? 그들은 나의 귀한 자녀들이란다.'

그러자 내 안에 하나님의 사랑이 없다는 것이 너무나 분
명히 깨달아졌다. 그래서 하나님께 말씀드렸다.

'하나님, 제 안에 그 사랑이 없었어요. 죄송해요. 정말 죄
송해요.'

갑자기 눈물이 와락 쏟아졌다. 주님께 진심으로 너무 죄

송한 마음이 들었다. 한참을 울고 나서 주님께 기도했다.

'제 안에 없는 하나님 당신의 사랑을 제게 부어 주세요. 그 사랑이 차고 넘쳐서 제 환자들에게 전해지게 해 주세요.'

눈물이 앞을 가리는 바람에 출근길 고속도로에서 차를 세워야 하나 한참 고민했다. 이날 아침부터 며칠 동안 기도할 때마다, 긍휼한 마음이 들 때마다 눈물이 나서 주체하기가 어려웠다.

주님의 사랑은 모든 논리를 초월한다

그 일이 있고 나서 내 행동에 몇 가지 변화가 일어났다. 내 환자들에게 "당신을 응원합니다. 사랑합니다"라고 말하는 것이 아주 자연스러워졌다. 미국에서도 의사가 환자에게 사랑한다는 표현을 하는 것은 아무래도 어색하다. 그런데 주님이 내 안에 당신의 사랑을 부어 주시자, 환자 한 명 한 명이 매우 귀하게 느껴지고 그들이 겪고 있을 힘든 상황이 남의 일 같지 않아서 "미안합니다", "사랑합니다"라는 말이 아주 자연스럽게 나왔다. 정말 주님의 은혜가 아니면 나는 아무것도 아니라는 생각이 들었다. 그러자 자격 없는 내가 이곳 진료실에서 환자들을 돌보고 있는 것이 새삼 신기하고 감사하게 느껴졌다.

하루는 입원실의 환자들을 보고 나올 때마다 눈시울이 붉어지는 나를 발견했다. 진료실에서 하루 종일 울고 있는데, 환자들이 "당신은 내 생명의 은인이요 나의 천사"라며 내게 감사를 표해 주었다. 나는 한 것이 없는데 나에게 감사하는 환자들이 고맙고, 이 모든 것을 가능하게 하신 하나님의 크신 은혜가 피부로 다가와 더욱 눈물이 났다.

또 한 가지 변화는 환자의 작은 불편함에도 민감해지고, 그것을 긍휼히 여기는 마음이 생긴 것이다. 한 백인 할머니 환자가 최근 치료의 부작용으로 입안이 바짝 말라서 구역감이 있고 잠도 오지 않는다고 힘들어했다. 결국, 기력이 쇠하여 입원하게 되었는데, 나는 그 환자에게 입천장에 붙이는 껌을 약국에서 사다 주고 싶어졌다. 얼마 전, 이런 껌이 침샘을 자극하여 침이 잘 분비되는 데 큰 도움이 되었다고 말해 준 다른 환자들의 이야기가 기억났기 때문이다. 그래서 바쁜 진료실 일정을 마치고, 늦은 시각에 따로 찾아뵀다. 나를 보고 매우 반가워했다. 이제는 거의 침대 밖으로 나오기 힘들 정도로 체력이 약해져서 앞으로 여명이 얼마 남지 않았겠다는 생각이 들었다.

나는 인생의 마지막 날들을 가족과 친구들과의 관계를 돌아보면서 보내는 것이 의미 있다고 생각한다. 그래서 호스피스(기대 여명이 6개월 미만인 말기 질환의 환자가 평안한 죽음을 맞이

할 수 있도록 증상을 완화시키는 데에 집중하는 치료)로 가기 전의 환자에게 가족이나 사랑하는 사람들과 화평한지를 묻는 대화를 자주 갖는다.

백인 할머니 환자가 내 질문에 그렇다고 대답했다. 나는 그분에게 하나님과도 화평하시냐고 물었다. 그분은 사실은 자신도 예전에 교회에 다녔다고 했다. 그런데 나중에 다른 철학들도 공부해 보니 예수는 하나님이 아니라 인간일 뿐이라는 것을 알게 되었다고 말했다. 그러면서 마치 기다렸다는 듯이 자신의 신념과 일화들에 관해 한참 동안 이야기했다.

당황스러웠다. 내 질문에 이렇게까지 답변해 주는 환자는 지금껏 없었다. 괜히 물어봤다는 생각도 잠시 들었다. 그래서 대화를 빨리 마치고 싶었다. 그런데 모든 이름 위에 뛰어난 이름 '예수'가 생각났다. "다른 이로써는 구원을 받을 수 없나니 천하 사람 중에 구원을 받을 만한 다른 이름을 우리에게 주신 일이 없음이라 하였더라"(행 4:12)라는 사도행전 말씀이 떠올랐다. 그래서 환자의 이야기가 끝나자마자 이렇게 말했다.

"이렇게 자세히 나누어 주셔서 고맙습니다. 저는 단 한 가지만 말씀드리고 싶어요. 저는 예수의 이름에 구원의 능력이 있음을 분명히 믿습니다. 당신을 사랑합니다. 그래서

31

당신께 가장 좋은 것을 드리고 싶습니다."

환자가 내 말을 듣고 나를 물끄러미 바라보며 말했다.

"선생님이 나를 사랑해 주셔서 참 좋습니다(I love it that you love me)."

그 후 그분의 마음이 예수님께 활짝 열려서 우리의 대화는 침상에서 예수님을 주님으로 고백하는 일까지 나아갔다.

이러한 예상치 못했던 우리 하나님의 구원의 역사를 보면서 내 안에 기쁨과 감사가 차고 넘쳤다. 이 일은 '사랑'이 인간의 모든 논리를 초월하게 한다는 것을 하나님이 깨닫게 해 주신 징표가 되었다. 문득 운전 중에 받은 성령의 감동이 이러한 구원의 순간에 나를 참여시키기 위해 나를 준비시키신 과정이라 생각되었다. 사랑 없는 나를 통해 일하고 싶어 하시는 성령님이 느껴져서 참 행복했다.

생각해 보니 내가 먼저 환자에게 "당신을 사랑합니다"라고 말하기 시작하기 전에 나에게 먼저 그렇게 고백해 준 환자가 있었다. 그는 유치원에 다니는 두 아이가 있는 젊은 아버지였다. 기존의 표준 치료법 중에는 효과적인 것이 없어서 나와 여러 가지 임상 시험을 한 환자였는데, 패혈증이 와서 응급실에 급하게 입원하게 되었다. 나와 내 간호사는 직감적으로 이것이 환자와의 마지막 만남이 될지 모른다는 생각에 진료실에서 서둘러 응급실을 찾았다. 생명 징후들이 계속 악화되는 상황에서도 환자는 맑은 의식을 유지했고, 그동안 길고도 힘든 여정을 함께 걸어 준 나와 내 간호사를 보며 고맙고 사랑한다고 이야기해 주었다. 내가 환자를 사랑하기도 전에 환자가 먼저 나를 사랑해 준 것이다. "사랑은 여기 있으니 우리가 하나님을 사랑한 것이 아니요 하나님이 우리를 사랑하사"로 시작하는 요한일서 4장 10절 말씀이 생각났다. 환자로부터 받은 사랑을 이제 내가 적극적으로 되돌려 주어야 할 때라고 느껴졌다.

믿음의 경주의 꽃은 성공이 아닌 인내다

환자들과 사랑을 주고받은 경험은 어려운 치료 과정을 버티고 있는 환자들과의 동행의 중요성도 깨닫게 해 주었다. 몇 년 전부터 나와 우리 진료실 팀은 치료 과정을 성공적으로 마친 환자들이나 오랫동안 치료에 임하고 있는 이들에게 상장을 수여해 왔다. 폐암 치료 후에 12주의 보조적 항암 요법을 받는 환자들에게 12주가 끝나는 날에 항암 치료 수료 상장(certificate of chemotherapy completion)을, 면역 치료를 100회째 받는 소수의 환자들에게는 회복의 이정표(milestone)가 될 상장(certificate of 100th immunotherapy)을 수여하는 식이다. 마치 파티를 벌이듯 의료진과 병원 직원들이 항암 치료 주사실로 다 같이 찾아가서 축하하고, 모두 함께 사진도 찍는다. 이런 이벤트가 환자와 의료진에게 좋은 추억과 기쁨을 선사해 준다.

그런데 한 환자를 치료하면서 이러한 격려에 큰 모순이 있다는 것을 깨닫게 되었다. 대학생 자녀를 둔 여성 환자였는데, 안타깝게도 그에게는 기존의 어떤 항암제도, 표적 치료제(targeted therapy)도, 면역 치료제(immunotherapy)도, 여러 가지 임상 시험들도 한 번도 들은 적이 없었다. 그래서 늘 안타까운 마음이 있었다.

그런데 새로운 병합 요법에 암이 줄어드는 것이 관찰되었다. 치료 시작 첫 주에는 가족들과 여행을 다녀올 수 있을 만큼 체력이 좋아졌다. 참 기뻤다. 그래서 첫 CT(전산화 단층 촬영) 촬영에서 좋은 결과가 나오기를 고대했다. 우리는 첫 치료 반응을 축하하는 상장을 만들 계획으로 희망에 부풀어 있었다. 하지만 결과는 매우 실망스러웠다. 암세포가 다른 장기로 이미 전이된 것이 발견되었기 때문이다. 정말 안타까웠고, 새로운 이벤트로 환자를 격려할 수 없다는 사실에 슬펐다.

그러던 중에 문득 이 치료 여정에서 치료의 '성공'만을 축하할 필요가 없다는 것을 깨달았다. '결과'가 아닌 '태도'를 축하하고 격려할 수 있지 않을까? 이 일을 두고 하나님께 기도하는데, 또 '죄송해요'라는 고백이 나왔다. 나 자신이 성공 스토리만을 기억하고 축하하는 데 익숙해져 있었음을 깨달은 것이다. 그러느라 인내와 끈기의 가치를 잊고 있었다. 연속되는 연단 속에서 피어나는 인내라는 꽃의 아름다움을 몰랐다. 고난 속에서도 잃지 않는 미소의 숭고함을 잊고 있었다.

하나님이 우리 인생에 주신 사명 중 하나는 히브리서 12장 1절처럼 우리에게 허락된 믿음의 경주를 인내로 '완주'하는 것이라는 생각이 들었다. 그 완주의 길에는 높은 길도 낮은 길도 있다. 낮은 골짜기를 지날 때는 암의 진단이나 암이 치료에 반응하지 않고 있다는 절망적인 소식들이 기다리고 있을지 모른다. 하지만 끝까지 낙심하지 않고 믿음의 경주를 마칠 때 상 주실 하나님을 기대하고 바라보아야 한다.

이를 깨달은 후 위의 환자를 포함하여 내 진료실에서 이전과 달리, 지속된 모든 치료에 반응이 없던 세 명의 환자들에게도 '인내의 상장'(award of endurance)을 주었다. 환자들 모두 지친 삶에 큰 활력과 격려가 되었다고 말했다. 그들이 눈물을 글썽이며 기뻐하는 모습을 보면서 우리 팀이 모두 함께 기뻐하였다. 절망적인 상황이라서, 치료에 아무

반응이 없어서 기뻐할 일이 없다고 포기한 곳에서 하나님이 서로 함께 기뻐하며 즐거워하는 시간을 허락해 주셨다. 나와 우리 팀원들이 '결과'가 아닌 '마음가짐'을 축하하고 격려할 수 있음을 확실히 배우는 소중한 기회였다. 무엇보다도 하나님의 사랑이 부어질 때 환자들에게 어떤 위로와 격려가 찾아오는지를 생생하게 깨닫는 계기가 되었다.

이야기는 여기서 끝나지 않는다. 놀라운 것은 축하 이벤트가 있던 그날, 세 환자에게 병세가 갑자기 호전되거나 CT 촬영 결과가 좋게 나오는 일이 일어났다는 것이다. 우리가 오로지 '성공'에만 주목하여 축하하던 것을 내려놓고, 환자를 더 사랑하고 격려하는 데 힘쓰자 하나님이 환자들 마음에 기쁨을 주시고, 치료 여정 가운데 더 견딜 만한 좋은 날들을 허락해 주셨던 것이다. 이 일로 나는 고통 중에 처한 우리, 곧 환자들을 향한 하나님의 마음을 더 깊게 느낄 수 있었다.

하나님은 우리의 고통을 절대 기뻐하지 않으신다. 우리의 모든 고통에 공감하시는 분이다. 그분의 사랑이 부어지면 상황이 아무리 암울해도 서로 격려하고 축복하며 인내의 경주를 축하할 수 있다. 예수님이 말씀하셨다.

"그런즉 너희는 먼저 그의 나라와 그의 의를 구하라 그리하면 이 모든 것을 너희에게 더하시리라"(마 6:33).

우리가 서로 사랑함으로써 "그의 나라"를 구하면, 치유와 회복뿐 아니라 구원의 역사까지 더해진다는 것이 믿어졌다.

나는 나를 잘 안다. 내 안에 사랑이 없다. 공감력은 특히 더 부족하다. 그래서 항상 가난한 마음으로 주님 앞에 나아간다. 주님 아니면 소망이 없어서 기도의 자리로 나아간다. 그런 나를 잘 아시는 하나님이 나에게 당신의 사랑을 부어 주신다. 그러면 주님이 주신 마음으로 환자들을 사랑하게 되는 나를 발견한다.

"너희 안에 이 마음을 품으라 곧 그리스도 예수의 마음이니"(빌 2:5).

내 안에, 우리 안에 이 예수의 마음, 하나님의 마음이 부어질 때, 나의 영과 육 가운데, 내 환자들의 마음과 육체 가운데 하나님의 회복과 구원이 선포될 것임을 믿는다.

제자에게 줄 사랑이
없었다

하나님의 사랑이 연구실에 부어지다

운전 중에 성령님의 감동을 받고, 진료실에서 정신없이 눈물을 훔치며 진료를 보던 그날, 나에게 일어난 일은 지금도 제대로 설명하기가 어렵다. 그런데 그 일은 환자들뿐 아니라 연구실에서 내가 지도하고 있던 제자들을 바라보는 마음에도 변화를 가져왔다.

그때까지 나는 내가 제자들을 나름대로 열심히 챙기고 있다고 생각했다. 그들에게 학문적인 도움뿐 아니라 영적인 도움도 주고 싶어서 북클럽과 관련된 여러 가지 일정을 계획하고 있었다. 그런데 그날 아침, 하나님은 제자들이 전공의(레지던트) 과정에 들어가기 위해 얼마나 간절한 마음으로 면접을 준비하고 있는지 보게 하셨다. 사실, 매년 늦

가을이 되면, 대다수의 제자가 미국 병원에서 전공의를 하기 위해 지원하고 면접을 보곤 한다. 나 역시 미국 병원에서 전공의, 전임의(펠로우) 과정을 하기 위해 면접을 여러 번 봤으니 특별할 것이 없는 일이었다.

그런데 그날 제자들 생각을 하다가 내 안에 사랑이 없음을 다시 한번 깨닫게 되었다. 수년간 이들이 서로 면접 연습을 시켜 주며 열심히 준비하는 모습을 보면서도 사실 면접 준비를 도와주고 싶다는 생각을 한 번도 한 적이 없었다. 나는 이곳 대학병원 교수로서 실제로 의대생, 전공의, 전임의들을 뽑을 때 면접관으로 참여하므로 면접에 어떻게 임해야 좋은지를 잘 알고 있다. 그런데 정작 제자들이 가장 관심 있어 하는 일에는 관심을 가져 주지 못했던 것이다.

지금까지 연구실을 운영하면서 "다른 사람을 성공시켜 주자"가 나의 모토라고 생각해 왔던 자신이 한없이 부끄러워졌다. 내 안에 정말 사랑이 없음이 느껴지니 하나님 앞에 나지막이 탄식이 나왔다.

'하나님, 정말로 죄송해요. 제자들의 필요에 관심조차 없었어요. 말로만 성공을 빌어 주었네요. 죄송해요. 당신이 맡겨 주신 영혼들인데….'

눈물이 또 앞을 가렸다. 나도 내가 왜 이러는지 잘 이해되지 않았다. 그러나 한 가지 사실은 분명해졌다. 나에게는 타인에게 흘려보낼 사랑이 없다는 것이다. 나는 주님이 사랑을 부어 주시지 않으면, 내가 사랑하고자 했던 제자들도 사랑할 수 없음을 새삼 깨달았다.

"만일 형제나 자매가 헐벗고 일용할 양식이 없는데 너희 중에 누구든지 그에게 이르되 평안히 가라, 덥게 하라, 배부르게 하라 하며 그 몸에 쓸 것을 주지 아니하면 무슨 유익이 있으리요"(약 2:15-16).

이 말씀이 떠오르면서 내 주변 사람들의 필요에 민감하게 반응하지 못했던 내가 참 부끄러웠다. 그런 내 모습이 슬펐다. 그래서 동일하게 기도했다. 당신의 사랑을 부어 달라고.

남의 성공에 집중하면 내 성공은 하나님이 책임지신다

마침 그날 나와 함께 있던 제자들이 나의 부끄러운 눈물을 목격했다. 내가 그들에게 말했다.

"정말 미안합니다."

맨정신으로는 할 수 없을 것 같은 사과를 한 것이다. 제자들의 필요를 미처 채워 주지 못한 것에 대한 사과였다. 평소 내 인격으로 보아 교수와 학생의 관계에서 있을 수 없는 일이기에 내 기억 속에 특별한 일로 자리 잡았다. 성령으로 충만해야만 완악한 내가 바뀔 수 있다는 것을 깨달게 된 일이기도 하다.

바로 그 주말 새벽에 시간을 내어 면접 연습 모임을 잡았다. 당시 코로나 상황으로 인해서 대면 면접이 불가능했다. 그래서 최초로 진행될 온라인 면접에 제자들이 적응할 수 있도록 활용하는 기회가 되었다. 정장을 갖춰 입고, 긴장한 모습으로 또박또박 대답하는 제자들을 보니, 참 잘한 일이라는 생각이 들어 하나님께 감사했다. 또한 면접 연습 시간을 통해 제자들이 걸어온 삶의 여정과 가치관을 이해하게 되는 기대하지 않았던 유익도 있었다. 그 후로 매년 면접 시즌이 되면, 우리 연구실에서는 면접 준비 미팅을 가지게 되었다.

하나님이 당신의 사랑을 진료실뿐 아니라 연구실에도 부어 주셨던 것이다. 내 삶의 중요한 목표는 주변 사람들이 성공하도록 돕는 것이다. 환자들에게는 그들의 병이 호전되고 기쁨을 회복하는 것이 목표고, 제자들에게는 그들이 학문적으로도 훌륭한 연구자가 되고 환자를 사랑하는 의사가 되는 것이 목표다. 내가 남의 성공에 집중하는 동안 내 성공은 하나님이 책임져 주실 것을 믿는다.

나는 이 말씀이 내 삶에서 실현되기를 꿈꾼다. "주라 그리하면 너희에게 줄 것이니 곧 후히 되어 누르고 흔들어 넘치도록 하여 너희에게 안겨 주리라 너희가 헤아리는 그 헤아림으로 너희도 헤아림을 도로 받을 것이니라"(눅 6:38).

내가 옳다고 믿었던
가장

하나님의 사랑이 가정에 부어지다
—

한번은 딸아이와 집에서 이야기하다가 언성이 높아졌다. 내가 큰소리로 딸아이에게 쏘아붙였다.

"아빠에게 어떻게 이렇게 함부로 말할 수 있니?"

나도 딸아이도 서로에게 기분이 상했다. 그때 갑자기 하나님이 나에게 말씀하시는 것 같았다.

'너는 네가 그렇게도 중요하니? 네가 어떻게 대접받는 것이 그렇게 중요하니?'

당황스러웠다. 단 한 번도 그렇게 생각해 본 적이 없었다. 늘 버릇 없는 아이를 따끔하게 가르쳐야 한다는 생각 뿐이었다. 그런데 내가 아이에게 언성을 높이는 이유는 아이보다 나를 더 사랑하는 마음이 있어서임을 깨달았다. 나는 함부로 대접받아서는 안 되는 사람이라는 마음이 컸던 탓에 더 화가 났던 것이다. 이런 생각이 들자 눈물이 났다.

'하나님, 미안해요. 제가 잘못했어요. 죄송해요.'

곧이어 아이에게도 용서를 구했다.

내가 죽고 내 안에 그리스도께서 사셔야 하는데, 그렇게 되기가 정말 쉽지 않다. 죽었다고 생각했던 내 자아가 하루에도 몇 번씩 벌떡벌떡 다시 살아나는 것을 느낀다. 가정에서 아이들과 아내와 이야기할 때도 시체가 자꾸 살아서 꿈틀거린다. 그래서 나는 매일 아침 하루도 빼놓지 않고 갈라디아서 2장 20절을 선포한다.

"내가 그리스도와 함께 십자가에 못 박혔나니 그런즉 이제는 내가 사는 것이 아니요 오직 내 안에 그리스도께서 사시는 것이라 이제 내가 육체 가운데 사는 것은 나를 사랑하사 나를 위하여 자기 자신을 버리신 하나님의 아들을 믿는 믿음 안에서 사는 것이라."

이날도 하나님이 당신의 사랑을 나에게 부으셔서 역설적으로 나의 사랑 없음을 알게 하신 날이었다. 내 안에는 사랑이 없다는 것을 깨달을 때만 하나님의 사랑이 나에게 부어지고 흘러갈 수 있음을 다시 한번 깨닫게 해 주신 것이다.

이전의 나는 내가 원하는 방향으로 일이 나아가지 않으

면 조바심이 생기고, 상대방의 필요보다 내가 원하는 것이 그들에게 가장 좋은 것이라 믿고 밀어붙이려고 했었다. 예를 들어, 어떤 사람이 사랑하는 사람과 함께 여행을 가게 되어 시간과 돈을 투자하며 정말 많이 준비했다. 그런데 갑자기 사랑하는 사람이 아파서 여행을 가지 못하게 되었을 때, 사랑하는 사람이 아픈 것보다도 여행을 가지 못해 속상하고 서운한 마음이 더 크게 느껴진다면, 그것은 그 사람 안에 사랑이 없다는 증거가 아닐까?

아빠가 잘할게

진정한 사랑은 내 감정에 앞서 사랑하는 사람의 건강을 무엇보다 걱정하는 것이라는 깨달음이 생겼다. 예전에는 주변 사람들을 챙기며 그들의 일로 걱정하는 아내보다 주변 사람들 걱정을 비교적 덜 하는 내 성격이 꽤 괜찮다고 생각했다. 그러나 그것은 나의 교만이었다. 그런 나에게 하나님은 그동안 내가 가족과 주변 사람들을 배려하지 못하고, 그들 입장에서 충분히 걱정하지 못한 나 자신이 정말 사랑이 없는 사람이구나 깨닫게 해 주셨다. 사랑이 부족해서 걱정이 적었다는 사실을 깨달았다. 그래서 슬펐지만, 또 감사했다.

이제 나는 구할 만한 모든 것 중에서 사랑을 구한다. 고린도전서 말씀이 내 마음에 울린다.

"내가 예언하는 능력이 있어 모든 비밀과 모든 지식을 알고 또 산을 옮길 만한 모든 믿음이 있을지라도 사랑이 없으면 내가 아무것도 아니요 내가 내게 있는 모든 것으로 구제하고 또 내 몸을 불사르게 내줄지라도 사랑이 없으면 내게 아무 유익이 없느니라"(고전 13:2-3).

이제 하나님의 사랑이 내 마음에 부은 바 되지 아니하면, 나는 아무것도 아님을 잘 알게 되었다.

내가 내 아이들을 생각하며 쓴 시 "닮았다"에 이렇게 고백했다.

"아빠가 잘할게/아빠가 예수님 닮고 있는 중이야/더 좋아질 거야//네가/아빠를 닮았다 자랑스러워할/그날을 상상해//예수님께서/당신을 닮았다 기뻐하실/그날을 상상해."

모름

내가 나를 모르겠다 했을 때

나를 아신다 하셨습니다

내가 당신을 모르겠다 했을 때

나를 사랑하신다 하셨습니다

내가 세상을 모르겠다 했을 때

나를 믿는다 하셨습니다

내가 긍휼을 모르겠다 했을 때

당신의 사랑을 부어주셨습니다

내가 가능한지 모르겠다 했을 때

당신의 일하심을 보여주셨습니다

이제는 몰라도 괜찮습니다

당신이 함께하심을 알기에 괜찮습니다

친구: 사랑이 없다는 고백으로 동행

사도 바울은 로마서에서 이렇게 말했다.

"다만 이뿐 아니라 우리가 환난 중에도 즐거워하나니 이는 환난은 인내를, 인내는 연단을, 연단은 소망을 이루는 줄 앎이로다"(롬 5:3-4).

우리는 환난, 인내, 그리고 연단된 인격으로 이어지는 일련의 과정을 통해 한없이 마음이 낮아지고 가난해진다. 그다음 "소망이 우리를 부끄럽게 하지 아니함은 우리에게 주신 성령으로 말미암아 하나님의 사랑이 우리 마음에 부은 바 됨이니"(롬 5:5)로 이어지는 이 말씀을 나는 참 좋아한다. 앞서 말한 여러 가지 일들에서 보듯, 성령으로 말미암아 매일매일 하나님 사랑이 나의 마음에 부어지지 아니하면 소망이 없기 때문이다.

우리에게 필요한 하나님 사랑이 성령을 통해 부어지는 것은 바로 우리가 예수 안에 있는 소망을 부끄럽게 여기지 않는다는 그 고백 위에서 가능하다. 나처럼 자신 안에 진정한 사랑이 없는 것을 깨닫게 되면 교만한 사랑을 하는 것이 불가능하지 않을까? 더욱이 자기 안에 사랑 없음을 깨달을 때, 예수 안에서 발견한 세상을 살아갈 소망이 부끄럽지 않게 된다. 비로소 세상의 모든 오해와 핍박으로부터 자유로워진다. 나는 사랑이 없어 넘어지더라도 내게 부어지는 하나님의 사랑은 날마다 새로울 것을 알았기 때문이다.

나는 하나님의 사랑 없이는 단 하루도 살 수 없음을 알게 된 후로 그 사랑을 내 마음에 부어 주시길 매일 기도한다. 제발 살려 달라는 간절한 기도다. 그런데 그 순간 나에게는 역설적으로 기쁨이 찾아온다. "이것들이 아침마다 새로우니 주의 성실하심이 크시도소이다"(애 3:23)라는 예레미야의 고백처럼 기도 중에, 만남 중에, 말씀을 읽는 중에 하나님의 사랑이 부어짐이 느껴질 때마다 늘 설레며 감사하다.

예수님은 마지막 만찬에서 시몬 베드로에게 이렇게 말씀하셨다.

"내가 너를 위하여 네 믿음이 떨어지지 않기를 기도하였노니 너는 돌이킨 후에 네 형제를 굳게 하라"(눅 22:32).

이처럼 예수님은 늘 제자들을 위해 중보 기도를 해 주시는 분이었다. 그런데 십자가 위에서 돌아가시기 전, 감람산에서는 오히려 제자들에게 기도해 줄 것을 요청하셨다.

"내 마음이 매우 고민하여 죽게 되었으니 너희는 여기 머물러 나와 함께 깨어 있으라"(마 26:38).

또 하나님 아버지께는 "만일 할 만하시거든 이 잔을 내게서 지나가게 하옵소서 그러나 나의 원대로 마시옵고 아버지의 원대로 하옵소서"(마 26:39)라고 기도하셨다. 육체적 질고뿐 아니라 감정적 질고까지 감당하셔야 했을 예수님이 자신에게 하나님의 마음과 사랑이 부어지도록 제자들이 함께 기도해 주기를 부탁하신 것은 아닌가 생각해 본다.

마찬가지로 우리 역시 사랑 없이 가난한 내 마음에 하나님의 사랑이 부어지기를 믿음의 친구들에게 기도해 달라고 부탁해 보는 것이 어떨까? 하나님의 사랑이 우리에게 부어질 때, 우리 삶의 십자가 사명을 감당할 수 있게 된다. 하나님 사랑과 이웃 사랑이 없는 나의 마음과 나의 죄를 깨닫기 전에는 부흥이 없고, 예수님을 닮아 갈 수도 없다. 진정한 회개가 일어나는 곳에는 필히 성령으로 말미암아 하나님의 사랑이 부어진다. 이 비밀을 깨닫게 되어 얼마나 감사한지 모른다.

2부

사랑하니까

보이는

것들

내 이름
'영광'을 찾다

나는 가문의 영광
—

내 이름이 영광이기에 모태 신앙인지 묻는 분들이 있다. 지금은 부모님이 교회를 다니시지만, 내가 태어났을 때는 교회를 다니지 않으셨다. 내 이름은 내가 가문의 영광이 되기를 바라는 마음에서 나에게 주어진 이름이었다.

나는 어렸을 때 조용하면서도 매사에 긍정적이고 자신감이 있던 아이였다. 나를 끔찍이 사랑해 주셨던 부모님 아래서 큰 부족함 없이 자랐다. 배우는 것을 좋아하여 학교에서도 선생님들을 잘 따랐다. 친구들도 좋아하여 고등학생 때는 전교 학생회장으로 선출되었다. 논리적으로 글을 쓰는 것도 좋아하여서 내 대입에 도입되었던 논술 시험을 재미있게 준비했던 기억이 있다.

그 당시에 한국일보에서 매주 내는 주제별 논술 문제에 많은 수험생이 응시했는데, 수상작이 신문에 실리곤 했다. 내 글들이 신문에 많이 나온 덕에 대학에 들어가서 나를 모르는 친구들이 별로 없었다.

솔직히 고백하면, 내 글들이 당시 논술 교재에 사용되었고, 서울대 국문과 교수가 "채 군은 실력이 입증되었으니 더 이상 투고하지 않아도 좋다"는 평을 해 주셨다. 나는 사람을 직접적으로 돕고 싶다는 다소 막연한 생각을 갖고 의대에 지원했다. 최고의 학교가 아니면 다니기 싫다는 교만한 마음이 있었기에 서울대학교 의대 한 곳만 지원하여 합격했다.

그렇게 대학 생활을 시작한 나는 학교 다니는 것, 새로운 것들을 공부하는 것, 친구들 사귀는 것을 즐거워했다. 그러던 중 교회에 나가게 되었는데, 그 이유는 집 근처의 교회에 새로 생긴 영어 예배에서 영어를 배우고 싶었기 때문이다. 노래 부르는 것도 좋아해서 성가대를 뽑는다는 말에 가장 먼저 지원하기도 했다. 크리스마스에 외국인 노동자들이 모인 곳으로 가서 크리스마스 칸타타 공연을 했던 기억도 있다.

그러다 또래들이 있는 교회 대학부 공동체가 궁금해져서 나가게 되었다. 아직 친해지지도 않았는데 내 생일을 챙겨 주고, 늘 환영해 주는 대학부 분위기가 당시 나에게는 충격적이었다.

나도 주님의 영광이 될 수 있을까

그렇게 교회 공동체라는 곳을 배워 가던 중 대학부 겨울 수련회에 참석하게 되었다. 버스를 타고 한참 시골로 들어가서 도착한 곳 바닥에 모두 방석을 깔고, 조별로 앉아 강사로 초청된 인도네시아 선교사님의 말씀을 경청했다. 그날 말씀을 듣다가 하나님이 우주를 창조하시고 나를 창조하셨다는 것이 믿어졌다. 그분이 나의 아버지됨이 믿어졌다. 온 세상을 만드시고 운행하시는 그분이 나의 모든 것을 아시며 나를 사랑하신다는 선교사님의 말씀이 마음에 스며들었다. 그리고 이 우주가 창조되기 전부터 내 이름을 알고 계신다고 했는데, 나는 이 말씀이 참 놀라웠다. 예레미야 1장 5절에 하나님이 예레미야에게 "내가 너를 모태에 짓기 전에 너를 알았고"라고 말씀하셨다. 바울은 에베소서 1장 4절에서 "창세 전에 그리스도 안에서 우리를 택하셨다"고 말했다.

또 하나 충격적인 말씀은 당신의 외아들에게 험한 십자가를 지게 하실 만큼 나 채영광을 사랑하신다는 말씀이었다. 너무 놀라운 사실이라 믿기지 않았다. 하지만 하나님의 말도 안 되는 사랑을 나는 그저 감사히 받기만 하면 된다는 것을 곧 깨달았다.

그래서 내 마음의 문을 열어 인생의 주인이 되어 달라고 예수님을 초청했다. 하나님께 처음으로 "저도 하나님 당신을 사랑해요"라고 고백했다. 신기하게도 이제껏 느껴 보지 못했던 기쁨과 평안이 있었다.

그 시절 내가 좋아하던 찬양의 가사가 이렇게 시작한다.

"나의 모습 나의 소유 주님 앞에 모두 드립니다."

내 모든 것을 드릴 수 있는 하나님이 계시다는 것이 참 좋았다. 이 찬양을 부르면 이유 없이 눈물이 많이 났다. 이 찬양은 이렇게 끝난다.

"어제 일과 내일 일도 꿈과 희망 모두 드립니다. 모든 소망 모든 계획 내 손과 마음 받아 주소서."

이제 내가 내 인생의 주인이 아니고 하나님이 주인 되신다는 사실에 얼마나 감사했는지 모른다.

하지만 완악한 내가 변화되기까지는 상당한 시간이 걸렸다. 일단 말씀이 잘 깨달아지지 않았다. 월요일에 시험이 있으면 일요일에 교회에 나가지 않았다. 평일에 교회가는 사람은 광신도이거나 정말 할 일 없는 사람이라고 생각했다. 그 시간에 하나라도 더 자기 계발에 힘써야 한다고 생각했다. 특히 누가 나에게 강권하거나 강요하는 것을 질색했다. 교회에 너무 빠지지 말고 적당히 믿고, 교회에서도 세상에서도 잘나가는 사람이 되고 싶었다.

당시 내가 대학부 모임을 하던 곳 지하가 나이트클럽이었는데, 대학부 모임이 끝나면 친한 친구들과 그 클럽에서 종종 놀곤 했다. 교회에서도 세상에서도 멋있는 사람이 되고 싶어서 교회 대학부와 대학 클래식 기타 동아리, 힙합 댄스 동아리 활동을 동시에 열심히 했다.

그런 내가 나도 모르게 조금씩 변화되어 가기 시작했다. 여기에는 당시 교제하던 여자친구이자 지금 아내의 끊임없는 기도와 격려가 매우 큰 역할을 했다. 아내는 내가 하나님과 그리고 그분이 역사하시는 공동체와 가까워지길, 또 교회 공동체를 사랑하게 되길 기도했다고 한다. 이 기도가 응답되어서 의대 졸업 후 공중보건의사 시절에는 내가 속한 청년부 공동체를 진정으로 사랑하게 되었다. 처음 아내를 따라간 말씀 사경회에서 말씀이 시작됨과 동시에 잠들던 내가 이렇게 변한 것이다. 아내 말로는 사경회 내내 꾸벅꾸벅 조는 나를 깨우느라 지쳤었다고 한다. 아내에게 진 복음의 빚이 커서 늘 감사한 마음이다.

이후 사랑하는 공동체 안에서 나눔을 통해 하나님이 각자 삶에 역사해 주시기를 함께 기도하고, 함께 그 응답을 누리는 기쁨을 처음으로 알게 되었다.

한번은 한 주 내내 청년부 지체들과 함께 교회에서 예배 드리고 큐티 하고 새벽 기도를 드렸는데, 말씀의 나눔이 참 행복했다. 나는 나도 모르는 사이에 내가 그렇게 경계했던 '교회에 빠진 사람'이 되어 갔다. 교회 친구들과 서로의 삶을 나눌 때, 서로를 위해 진심으로 기도할 때 하나님과 더 가까워질 수 있었다. 세상적으로는 공통점이 많지 않아 별로 친해질 것 같지 않던 교회 친구들이 매일 이름을 불러 가며 기도했더니 어느새 가까운 영혼의 동역자로 변해 있었다.

부러움 없는 삶으로

의대 졸업 후 미국에서 수련을 받고 싶어서 바로 군대에 지원했다. 나는 서해안의 대부도라는 섬에서 3년간 공중보건의사 생활을 했다. 공중보건의사 마지막 일 년 동안 매일 새벽에 기도 제목을 들고 하나님께 나아갔다. 한참 기도하다가 하나님께 처음으로 이런 고백을 드렸다.

"하나님, 제가 구하는 것들을 주시지 않아도 저는 당신 한 분만 있으면 행복합니다. 나에게 가장 좋은 것들은 주님이 나보다 잘 아십니다. 나의 미래를 주님께 드립니다.

나는 주님을 더 알고 싶고, 더 사랑하고 싶습니다."

내 생각으로는 할 수 없는 기도였다. 내 입술에서 이런 고백이 나왔다는 것이 신기했다. 이 고백 후 하나님은 마치 기다렸다는 듯이 내 기도 제목들을 응답해 주시기 시작했다. 나중에 생각해 보니, 내가 드렸던 "나의 모습 나의 소유 주님 앞에 모두 드립니다"라는 찬양이 기도가 되어 이렇게 인도해 오신 것 같다.

미국으로 유학을 떠나기로 결심한 것은 본과 4학년 때였다. 더 넓은 세계에서 의학을 공부해 보고 싶었다. 그런데 그에 앞서 두려운 것이 하나 있었다. 내가 동기들과 나를 스스로 비교하게 되면 어쩌나 하는 마음이 들었던 것이다. 당장은 미국에서 암을 연구하고, 또 암 환자를 진료하기 위해 종양내과 임상 수련을 받으러 한국을 떠나지만, 한국에서 소위 외래 중심의 편한 과를 전공하고 개업한 동기들이 10년, 20년 후에 경제적으로 여유롭게 사는 모습을 보면 부러워질까 봐 두려워졌다.

나는 비교가 내 행복을 빠르게 앗아갈 수 있다는 것을 잘 알고 있었다. 그 당시 나에게는 물질적 성공이 전부인 것처럼 보였다. 나이 든 선배님들의 말씀이 기억났다. "학교 다닐 때, 저 친구는 나보다 훨씬 공부를 못했는데, 지금은 나보다 잘살아. 우리 동기 중에 저 친구가 제일 성공했어. 나는 왜 돈을 더 잘 벌 수 있는 과를 선택하지 않았나 모르겠어." 어른들의 이런 말씀을 들으면서, 나도 세상에서 꼭 성공해야겠다는 막연한 생각을 하게 되었다.

그런데 과연 정말 그럴까? 나는 잘산다는 것은 성공이나 부와는 별개라는 것을 알고 있었다. 가난하면서도 얼마든지 잘살 수 있고, 성공할 수 있다. 부자이면서도 그 내막을 들여다보면, 하루하루 자살을 생각하는 극도의 불안과 우울 속에서 살아갈 수 있다. 언어는 생각의 체계다. 잘사는 사람과 부자를 언어로 똑같이 표현할 때, 우리는 자신의 사고를 세상의 틀에 스스로 국한시키게 된다. 이 세상은 성공을 연봉이 얼마인 직장에 들어가는가, 또 의사로서 얼마의 연봉을 받고 살아가는가로 평가한다. 연봉은 액수이기 때문에 비교하기가 참으로 수월하다.

나는 미국에 오기 전에 만났던 신앙의 동역자 친구들에게 내가 '비교의 영'을 거부하고, 주님이 인도하시는 길을 따라 감사와 기쁨으로 공부할 수 있게 해 달라고 기도를 부탁했다. 목사님들께도 찾아가 동일한 기도 제목으로 기도를 부탁드렸다. 나 역시 하나님을 아는 지식 외에 그 어떤 것도 부러워하지 않게 해 달라고 간절히 기도했다.

나중에 미국 볼티모어(Baltimore)에서 유학하던 때에 당시 나에겐 성처럼 보였던 맨션에 초대받아 방문했을 때,

하나님께 참 감사했다. 예전 같았으면, 나의 반응은 언제 이렇게 좋은 집에 살아 보나 하는 한숨이거나 나도 열심히 돈을 벌어 꼭 이런 집에 살아야겠다는 야망, 둘 중의 하나이었을 것이다. 그런데 아무리 좋은 집에 살아도, 만약 그리스도를 경외함이 없다면 아무 소용 없겠구나 하는 마음이 들었다. 하나님이 축복해 주시면, 내가 막 고생하며 노력하지 않아도 언젠가 나도 이런 집에서 살 수 있지 않을까 하는 생각이 들기도 했지만, 나는 우리 주님이 있으니까, 찬송가 가사처럼 "높은 산이 거친 들이 초막이나 궁궐이나 내 주 예수 모신 곳이 그 어디나 하늘나라"가 아니겠는가 하고 생각했다. 그러자 유학 전에 드렸던 기도가 응답되었음을 알 수 있었다. 주님만으로 만족하며 비교의 영을 거부할 수 있게 된 것이다. 그 순간, 얼마나 감사함을 느꼈는지 모른다. 내 평생의 기도 제목이 응답된 것 같았다.

내가 영적으로 무디어질 때, 사단은 나를 이렇게 공격해 올 것이다.

'너의 친구들이, 선배들이, 후배들이 그렇게 성공할 때, 너는 무엇을 하고 산 거니? 왜 고생을 사서 하니? 여태까지 인생을 허비했구나?'

이런 속삭임들이 들린다면, 그때가 곧 은혜의 보좌로 나아가야 할 때가 아닐까? "여호와는 나의 목자시니 내게 부족함이 없으리로다"(시 23:1). 바로 이 말씀을 붙잡을 때다.

동행의 행복

나는 공중보건의사 3년을 지내면서 미국 의사고시(USMLE) 세 번의 시험을 다 치렀다. 마지막 시험은 한국에는 시험장이 없어서 그나마 가장 가까웠던 하와이로 가서 시험을 봤다. 이틀 동안 하루에 8시간씩 컴퓨터 앞에 앉아서 문제를 풀어야 하는 시험이었다. 시험 전날 도착한 와이키키 해변의 한 호텔에서 마지막 공부를 마치고 시험을 봤다.

한국으로 바로 돌아오기에는 비행기 표가 아깝다는 단순한 생각으로 관광할 수 있는 날을 하루 만들어 놓았다. 나는 홀로 와이키키 해변에서 일광욕도 하고, 하나우마 베이(Hanauma Bay)에서 스노클링도 했다. 그런데 마음이 좋지 않았다. 날씨는 좋고, 경치도 좋고, 스노클링 하기에 최적의 환경이었는데도 그렇게 기쁘지가 않았다. 좋은 것을 보고 좋다고 말해 줄 사람이 곁에 없었기 때문이다. 가족끼리 연인끼리 놀러 와서 재미있게 노는 그곳에서 혼자 돌아다니다 보니 갑자기 외로움이 엄습했다.

그때 깨달은 것이 있다. 어디에 가느냐보다 중요한 것은 누구와 함께 가느냐라는 깨달음이었다. 지구 상 아무리 척박한 땅이라도 내 사랑하는 아내와 자녀들과 함께할 수 있다면 나는 그 땅에서 살고 싶다. 마찬가지로 우리 주 예수님과 동행하면, 어떤 상황에 처하든 문제 되지 않을 것이라는 마음이 생겼다.

하나님은 우리에게 당신과의 동행의 기쁨을 주기를 원하신다. 당신의 자녀들인 우리와 늘 함께하고 싶은 아버지 하나님의 마음이다. 찬송가 가사처럼 정말 '주 예수와 동행'하면 '그 어디나 하늘나라'가 됨이 깨달아졌다. 나의 모습과 나의 소유, 모든 소망과 모든 계획을 주님께 드릴 때 이제는 내 것이 아닌 주님의 것이 되며, 주님과 동행할 때 주님이 책임져 주신다는 사실이 온전히 믿어졌다. 하나님을 만나 회심한 후 사람을 사랑하게 된 것을 표현한 자작시를 소개한다.

당신을 만나고

채영광

내가 소시오패스였다는 것은
비밀로 해 주오

나밖에 모르던 빌런이었던 것은
비밀로 해 주오

인생은 서바이벌 게임이었고
세상은 장기자랑 무대였다오

이 아이는 왜 지금 우는지
저 아이는 왜 나에게 화가 났는지
수수께끼였다오

그러던 내가
인연처럼 당신을 만나고
사람되었다오

당신의 눈물이 내 영혼에 터 준 물길
지금도 흐른다오
하늘빛 바다를 연모하여
이웃의 눈물을 모아 강이 되었다오

고맙소
당신을 만나고
울 일이 많아졌소
당신을 만나고
사람을 사랑하게 되었다오

초보 코디네이터가
되다

제가 도울 수 있습니다
—

나는 군대를 마치고 나서 바로 미국으로 유학을 떠났지만, 친구들 대부분은 모교 서울대학교병원에 남아서 전공의 과정을 마쳤다. 나 혼자 미국에 가려니 참 막막했다. 하지만 새로운 것들을 새로운 환경에서 배워 보고 싶은 마음이 더 컸다. 그런데 감사하게도 공중보건의사 시절 마지막 해에 삼성 장학회 장학생으로 선발되었다.

군 복무 후 바로 미국 동부 볼티모어에 있는 존스홉킨스(Johns Hopkins)대학교에서 보건학과 경영학 복수 석사 과정(MPH/MBA), 박사 후 과정을 밟게 되었다. 나는 의학 통계를 전공했는데 이 과정에서 참 좋은 친구들을 많이 알게 되었다. 그때 우리 학교의 모토가 "한 번에 백만 명을 살리기(Saving Lives Millions at a Time)"였다. 두 번째 해부터는 학교에 다니면서 동시에 존스홉킨스 의과대학 암 연구 실험실에서 박사 후(post-doc) 연구원으로도 일할 기회가 주어졌다. 이 시기에 나는 의학 연구에 대한 시야를 넓힐 수 있었다. 암 발생 기전을 연구하는 기초 의학 연구와 암 치료 중인 환자의 피와 암 조직 샘플을 가지고 하는 임상 의학 연구를 배우는 것이 즐거웠다. 내가 지금 하고 있는 실험실과 진료실을 연결하는 중개적(translational) 의학 연구를 할 수 있는 바탕이 이때 마련되었던 것 같다.

보통 9월부터 학기가 시작되는데, 내가 들어간 석사 과정은 7월부터 시작되었다. 첫 달 존스홉킨스 공중 보건 기독 모임(Johns Hopkins Public Health Christian Fellowship)을 알게 되었다. 수요일 점심마다 학교 미팅룸에 모여서 함께 식사하면서 말씀 공부를 하고 삶을 나누는 모임이었다. 나가게 된 지 얼마 안 되어 운영진으로부터 이메일을 받았다. 이 모임의 운영을 도와줄 사람을 찾는다는 내용이었다. 그래서 나는 선뜻 답 메일을 보냈다.

"제가 도울 수 있습니다."

그런데 놀라운 것은 나중에 안 사실인데, 답 메일을 보낸 사람이 나 혼자였다고 한다. 마침 운영진 모두 학교를 졸업하게 되어서 9월 전에 다 볼티모어를 떠나게 되었다. 그래서 9월 학기가 시작할 때 황당하게도 내가 그 모임의 회장(president)이 되어서 전체 학생들을 섬기게 되었다. 사실, 그때까지 내가 공동체의 회장으로 섬길 수 있다는 생각을 해 본 적이 없었다. 능력(ability)이나 자격은 없었지만, 나에게는 시간과 자원하는 마음(availability)이 있었다.

신기한 것은 내가 미국에 유학 오기 전까지 교회 청년부 공동체에서 공급받았던 말씀과 나눔의 은혜를 기쁜 마음으로 전 세계에서 모인 학생들에게 나누기 시작했다는 것이다. 이곳을 위해 주님이 나를 준비시키셨다는 생각이 들 정도였다.

내가 자원하면 하나님이 일하신다

당시 해마다 시카고에서 열리는 코스타(Korean Students Abroad, KOSTA)라는 수양회를 알게 되어 참석하게 되었다. 미국 전역의 크리스천 학생들과 직장인들이 매년 7월 첫째 주에 모여서 함께 말씀을 듣고 삶을 나누는 자리였다. 아내와 나, 우리 아이들 모두 거의 매년 이 수양회에 참석하면서 받은 은혜가 참 컸다.

참석한 첫해에 같은 전공자들끼리 모여서 크리스천으로서의 전공 관련 고민을 나누고 발제하는 TM(task major) 코스타 모임이 있어서 생물학 전공 모임에 신청했다. 준비팀으로 섬기면서 보니 '의료' 분야가 없는 것이 마음에 걸렸다. 당시 《그 청년 바보의사》라는 책을 읽고, 크리스천 의사로서 이렇게 살 수 있구나 하는 강한 감동을 받았던 터라 어떻게 하면 좋을지 하나님께 여쭈며 기도했다. 마음 같아서는 그 책의 주인공인 돌아가신 안수현 선생님을 초청하고 싶었다. 기도 중에 하나님의 마음이 전해졌다.

'네가 그 자리에서 대신 섬기면 안 되겠니?'

故 안수현 선생님의 그 정신을, 그의 선교적 삶을 참석자들과 나누기를 원하시는 마음이 느껴졌다. 코스타 운영진에게 연락해 나의 뜻을 알렸다. 의료 분야에 자원한 참석자가 나 외에 없었기에 코스타 참석 첫해부터 지금까지 거의 매년 내가 의료 세미나를 섬기게 되었다.

매년 의료 세미나를 통해서 나와 참석자들에게 부어 주시는 은혜는 나의 기대를 넘어섰다. 많은 의료계 지망생들과 현직 의료인들이 주님 안에서 힘을 얻는 자리가 되었다. 몇몇 분들은 수양회에 참석할 때 가져왔던 간절한 기도 제목이 세미나가 끝난 후 응답되었다는 소식도 전해 주었다. 세미나가 끝난 후, 세미나 참석자 중에 말기 췌장암으로 투병 중이던 한 유학생을 위해 눈물로 기도해 주었던 일도 있다.

나는 이러한 경험을 통해 깨달은 것이 있다. 내 삶에서 내 능력보다 뛰어나신 하나님을 의지하고 순종하며 자원할 때 하나님이 일하신다는 것이다. 그리고 치열한 경쟁 없이도 얼떨결에 모임의 회장이 되고, 세미나 코디네이터(coordinator)가 될 정도로 자원하는 사람이 적은 곳일수록 하나님이 부른 곳일 가능성이 크다는 것을 알게 되었다.

"모든 것이 갖추어진 곳을 피하고, 처음부터 시작해야 하는 황무지를 택하라. 앞을 다투어 모여드는 곳은 절대 가지 마라. 아무도 가지 않는 곳으로 가라."

미션스쿨인 거창고등학교의 〈직업 선택의 십계명〉 중 일부다. 아마도 이런 곳에서 우리는 하나님이 우리를 통해 놀랍게 일하심을 경험하고, 그분을 더욱 신뢰하게 되는 축복을 뜻밖의 선물로 얻을 수 있는 것이 아닐까 생각해 본다.

방향: 포도원 주인의 마음에서 배우다

마태복음 20장에 나오는 포도원 일꾼의 비유는 이렇게 시작한다.

"천국은 마치 품꾼을 얻어 포도원에 들여보내려고 이른 아침에 나간 집주인과 같으니"(마 20:1).

천국이 집주인과 같다는 비유에서부터 뭔가 이해하기가 어렵게 느껴진다. 한 포도원 주인이 있었다. 주인이 거리에 나가서 포도원에서 그날 일할 사람을 찾아 포도원으로 데려온다. 포도원에는 아침 6시부터 나와 일한 일꾼부터 9시, 12시, 3시에 나와 일한 일꾼까지 있었다. 심지어 어떤 일꾼은 일이 거의 끝나갈 무렵인 오후 5시 즈음에 와서 다른 일꾼들보다 턱없이 적게 일하기도 했다. 그런데 주인은 모든 일꾼에게 임금을 똑같이 주었다.

나는 이 이야기를 처음 읽고 이렇게 불공평한 일이 어디 있는가, 노력한 만큼 보상받는 것이 합당하지 않은가 하고 생각했다. 나는 오랫동안 이 비유에 수긍할 수 없었다. 그런 곳이 천국이라고 생각하는 것이 참 불편했다. 정당한 대가를 부인하는 이 일은 자본주의 정신과 상치되기에 하루 종일 일하고도 겨우 몇 시간 일한 사람과 동일한 임금을 받는 일꾼의 억울함이 나의 억울함처럼 공감되었다.

그런데 어느 날 바로 내가 하나님 앞에서 아무 자격 없는 죄인임을 깨달았다. 그러고 나서야 하루 종일 일한 자 역시 주인의 은혜가 아니면, 품삯은 물론 일할 기회조차 얻을 수 없었음을 깨달았다. 모든 것이 은혜인데, 부족한 내가 또 비교를 통해 은혜를 불만으로 순식간에 바꾸어 버렸음을 깨달았다. 나는 내가 막판에 한 시간 일한 자일 수도 있다는 생각도 해 본 적이 없었다. 이 역시 나의 영적 교만함이었다.

사실, 그때 내 마음은 마치 누가복음 15장의 돌아온 탕자 이야기 속 첫째 아들의 마음과도 같았다. 둘째 아들은 아버지의 유산을 미리 챙겨 집을 떠나더니 방탕하게 다 써 버리고는 거지꼴로 돌아왔다. 아버지는 그런 탕자 같은 둘째 아들을 얼싸안고 춤을 추며 기뻐했다. 아버지의 마음을 이해할 수 없었던 첫째 아들은 이를 매우 못마땅하게 여긴다. 아버지의 사랑이 자기 안에 없기 때문이다. 그에게는 그 무엇보다 자기 자신이 중요했기에 아버지에 대한 감사가 없었고, 비교의 덫에도 쉽게 빠졌다. 나는 지금도 내 마음에 첫째 아들의 마음이 스며들지는 않는지 틈틈이 점검하곤 한다.

그리고 포도원 주인, 곧 하나님의 마음을 헤아려 본다. 비유 속 포도원은 포도를 상품화하여 이윤을 얻기 위한 곳이 아니다. 오히려 품꾼들에게 삯을 주기 위한 곳이다. 품꾼은 세상의 관점에서 보면 포도 생산의 수단일 뿐이지만, 하나님의 관점에서는 소중한 자녀요 내가 껴안고 사랑으로 섬겨야 할 '친구'다. 즉 포도원은 하나님 아버지께서 당신의 자녀들을 불러 모으시는 곳이자 그들을 먹이고 입히시는 곳이다.

그렇다면 우리 일터 역시 하나님 아버지의 포도원이라고 할 수 있다. 우리는 주인의 마음을 헤아려 서로 섬겨야 한다. 가정에서, 학교에서, 직장에서, 이 마음으로 사람들을 섬기는 것이 다름 아닌 하나님이 가장 원하시고 기뻐하시는 일이라고 확신한다. 하나님 아버지의 사랑은 세상이 도저히 이해할 수 없는 그런 사랑이다.

새벽 기도에서 받은
깜짝 선물

너와 네 가정을 하나로 불렀다
-

존스홉킨스대학 시절, 첫 1년은 공중 보건학과 의료 경영학을 배우는 데 전념했고, 2년째부터 존스홉킨스 의대 실험실에서 암 연구를 병행했다. 좋은 연구가 어떻게 세상을 바꾸는지 알게 되었고, 방법론적으로 탄탄한 연구를 어떻게 할 수 있는지 배울 수 있었다. 실험실에서는 세포를 배양하고, 직접 실험을 설계하여 가설을 증명하는 과정을 통해 연구가 이토록 재미있을 수 있다는 사실을 알게 되었다.

물론, 실험실 생활은 외롭고 힘들었다. 연구가 생각처럼 진행되지 않을 때는 좌절감이 찾아왔다. 내가 원했던 멘토링이 없다고 생각될 때는 더 마음이 어려웠던 것 같다. 이 시기에 첫째 딸 린아가 태어났는데, 실험실에서 약속했던 생활비 보조가 한참 동안 이루어지지 않아서 온 가족의 마음고생이 더 컸다.

그러던 중 3년째 되던 해에 실험실 매니저로부터 날벼락 같은 통보를 들었다. 그 당시 나는 유학생 비자(F visa)로 석사 과정을 마치고, 구직을 위해 졸업 후 1년 동안 취업이 가능한 OPT 비자로 실험실에 나가고 있었다. 그런데 학교 방침이 바뀌어서 더 이상 실험실에 있지 못하게 되었으니, 당장 짐을 싸서 나가라고 한 것이다. 황당했다. 실험하던 모든 세포를 다시 얼리고, 실험 노트를 모두 박스에 넣었다. 너무 놀라고 당황해서 슬픈 마음도 들지 않았다. 이렇게 갑자기 일할 곳이 사라진 시간은 미국 병원에서 전공의 과정을 시작하기 전까지 꽤 오랜 기간이었다. 거친 광야의 시간이었다.

이전까지의 인생에서는 그동안 내가 노력한 만큼의 보상을 누릴 수 있었다. 공부한 만큼, 리더십을 발휘한 만큼 인정이 뒤따라왔다. 그런데 하나님이 나를 낮추시니 내 노력으로 할 수 있는 것이 없었다. 한없이 내리는 눈이 앞을 가려 운전하기도 힘든 날, 비자를 바꾸어서 관광 비자로라도 미국에 체류해야 했기에 볼티모어에서 눈 덮인 캐나다 국경까지 운전해서 다녀왔다. 미국 국경의 나이아가라 폭포를 다녀왔는데, 그 아름다움을 감상할 마음의 여유가 없었다. 언 폭포처럼 내 마음도 얼어 있었다. 실험실에 나갈 수 없게 되어 집에만 있던 그 시절, 그동안 실험했던 것들을 논문으로 정리하려고 노력했지만 마음은 여전히 어려웠다. 출근할 수 있는 직장이 있는 사람들이 참 부러웠다. 의사가 아니어도 좋으니 출근할 곳만 있으면 정말 행복할 것 같다는 생각을 했다. 하나님은 내가 나의 성공을 스스로 만들어 가고 있다는 착각과 교만을 꺾고 계셨다.

당시 다른 대학병원 실험실에 나가며 미국 병원 외과 전공의 과정을 준비 중이던 선생님이 같은 동네에 살았다. 우리는 모두 하나님께 부르짖고 싶은 마음이 컸기에 고속도로로 30분이 넘게 걸리는 교회에 매일 함께 차를 타고 새벽 기도를 갔다. 매일 아침 주님을 불렀다. 매일 광야에서 하나님을 찾는 그 시간이 늘 기다려졌다.

하나님께 내게 이 시간이 주어진 이유가 무엇인지를 묻자 '너와 네 가정을 나는 하나로 불렀다'는 마음을 주셨다. 그때까지 나는 내 인생의 주인공은 나이고, 가족은 나를 지원하는 역할을 한다고 생각했다. 그러나 하나님은 나와 내 가정을 하나로 부르셨다고 했다.

그러자 문득 아내를 돌아보게 되었다. 아내는 자기 직장을 그만두고 나와 함께 이곳으로 왔다. 아내는 아무 가족도 없는 이 미국 땅에서 혼자 아이를 키우면서 지쳐 가고 있었다. 그리고 미국 공인회계사 시험을 앞두고 있었다. 하나님은 얼핏 보기에 내가 일자리를 잃어버린 시간을 통해 아내와 가정에 집중할 수 있는 시간을 허락하셨다.

사도행전 6장 31절에 의하면, 하나님의 구원은 나 혼자가 아닌 나와 내 집, 내 가정이 하나의 묶음으로 주어진다. 하나님의 마음을 알게 되니 신기하게도 이 시간들이 더 이상 힘들지 않았다. 주어진 고난의 이유를 알게 되니 이제 이 과정을 통해 역사하실 하나님이 기대되었다. 지금 병원 생활이 아무리 힘들어도 그 시절을 떠올리면, 모든 불평이 사라지고 오직 감사만이 저절로 나온다. 오히려 그 시절이 없었으면 어땠을까 생각해 보니 어쩌면 현재의 내 삶을 당연히 여기는 매우 교만한 사람이 되었을지도 모르겠다. 이를 통해 하나님 안에 있는 인생에는 그 어떤 순간도 낭비하는 시간이 없음을 알게 되었다.

살림은 집 안에서 생명을 살리는 사역이다

이 광야의 시절을 마칠 즈음 하나님의 깜짝 선물들을 경험했다. 하나님의 은혜로 내가 가고 싶어 하던 동부 필라델피아의 아인슈타인 병원(Albert Einstein Medical Center)에서 내과 수련을 할 수 있게 되었다. 그 당시 전공의들에게 영주권을 지원해 주는 몇 안 되는 병원이었다. 그런데 내가 들어간 해부터 그 제도가 사라졌다. 하지만 존스홉킨스 연구실에서 썼던 논문들을 근거로 하여 개인 자격으로 영주권을 신청할 수 있음을 알게 되었고, 감사하게도 신청 후 약두 달 만에 우리 가족의 영주권이 나왔다. 내과 수련 과정 내내 내가 일할 직장이 있고, 나를 찾는 환자들이 있음에 늘 감사가 넘쳤다. 후배 전공의들에게 멘토가 되어 주는 기쁨도 있었다. 병원에서 주는 최우수 전공의 상을 받기도 했다.

또 전공의를 마칠 즈음 가장 가고 싶었던 텍사스 휴스턴에 있는 엠디앤더슨 암센터(MD Anderson Cancer Center)에서 혈액종양내과 전임의(hematology & oncology fellowship) 과정의 합격 통지를 받게 되었다. 하나님은 볼티모어에서 광야를 걷게 하시더니 생각하지 못했던 깜짝 선물들을 필라델피아에서 받도록 예비해 주셨다.

나는 볼티모어 시절에 집에 있는 시간이 얼마나 중요한지를 깨달았다. 집안일은 똑같고 단조롭지만, 그 일들이야말로 가정을 가정답게 하고, 가족 구성원들을 돌보는 무엇보다 소중한 일임을 알게 되었다. 집 안에서 생명을 살리는 '살림' 사역은 여느 오지에서 봉사하는 사역만큼이나 귀하다는 것을 알게 되었다. 그래서 나는 가정을 살리는 모든 아버지 어머니를 가리켜 가정 사역자, 가정 선교사라고 부른다.

이때를 위함이
아니더냐

주님과 함께하는 당직

내가 필라델피아에서 내과 전공의로 일하고 있을 때 일이다. 당직 중에 응급실에서 콜을 받고, 방금 도착한 두 명의 환자들을 보러 서둘러 내려갔다. 그런데 마침 두 환자의 성이 '김'이었다. 영어가 서툰 한국분들이었다. 응급실 안 진료실에서 두 분에게 한국말로 진료를 하고 약을 처방한 뒤 내과 입원 수속을 마쳤다.

그런데 문득 이런 생각이 들었다. '하나님이 이분들을 참 사랑하시는구나. 미국 의사 시험을 보게 하시고, 미국 필라델피아로 부르셔서 이분들을 모국어로 돌볼 수 있게끔 나를 사용하시는구나. 나는 내가 되길 원하는 의사 상을 그리며 정진하고 있었지만, 어쩌면 우리 주님이 나를 들어 쓰심은 이때를 위함이 아닐까?' 생각이 여기까지 미치자 단순해졌다. 그리고 이러한 고백이 나왔다. '주님 참으로 감사합니다. 제가 바라는 것은 단 한 가지입니다. 제 인생이 아무리 화려해도 주님께 쓰임 받지 못하면, 제 인생은 아무것도 아닙니다. 오직 한 가지 바라옵기는 우리 주님께 쓰임 받는 것뿐입니다.'

한국 할머니 한 분이 생각난다. 내 환자는 아니었는데 간호사가 나에게 할머니에게 남편이 수술실 들어갔다고 전해 달라고 부탁해 왔다. 할머니는 남편이 없는 빈 병실에서 혼자 어쩔 줄 몰라 하고 계셨다. 나는 할머니에게 위로라도 해 드리려 했는데, 너무 불안해 하셔서 "할머니 기도해 드릴까요?"라는 말이 불쑥 나왔다. 할머니가 "고맙지요"라고 말씀하기에 손을 꼭 붙잡고 기도했다. 그런데 "우리 하나님" 하며 기도를 시작하자마자 목이 메었다. 하나님의 사랑이 강하게 임했다. 한참 동안 목이 메어 기도하지 못했다. 처음 보는 할머니 앞에서 우는 내 모습에 나도 많이 당황스러웠지만, 할머니도 같이 우셨다. 기도 중에 "우리 하나님이 할머니를 얼마나 사랑하셨으면 지나가던 저를 불러 할머니를 위해 기도를 드리게 하십니까"라는 고백이 나왔다. 할머니에게 주님의 사랑과 위로와 평강이 임하고, 만난 적도 없는 할아버지에게는 치유와 회복이 임하기를 간절히 구했다. 나에게 기도란 이렇게 하나님의 임재하심을 언제 어디서나 경험하게 하는 중요한 열쇠다.

에스더 4장 14절에서 모르드개가 딸처럼 기른 자신의 사촌 에스더 왕후에게 이렇게 이야기한다. "네가 왕후의 위(位, status)를 얻은 것이 이때를 위함이 아닌지 누가 알겠느냐?" 이에 에스더는 16절에서 "죽으면 죽으리로다"라고 대답한다. 내가 지금 하필 이곳 미국 땅에서 특정 동네에서 살며, 특정 학교에서 공부하고 있고, 특정 직장을 다니고 있는 것은 하나님의 예정된 계획 속의 작은 만남 하나하나를 위함일 수 있다는 생각이 나를 사로잡았다. 내가 원했던 것들을 이루는 그 모든 과정 가운데서도 하나님 당신이 이루시기를 원하시는 그 일을 이루어 가시는, 협력해서 선을 이루시는 '하나님의 경륜'이 참으로 놀라웠다. 내 삶의 현장에서 하나님이 나를 이곳에 두신 이유가 '이때를 위함'이 아닐까 깨닫게 되자 나의 매일매일의 일상이 주님이 예비하신 바로 '이때'가 되길 원한다는 기도로 이어졌다.

어디서 용기가 났을까

또 다른 당직 날, 말기 폐암 환자인 백인 할아버지 한 분이 입원한 적이 있었다. 할아버지는 이제는 거의 뼈만 남은 모습이었는데, 피가 섞인 객담을 하며 호흡 곤란을 호소하셨다. 할아버지를 내과 병동으로 입원시키고 폐렴 치료를 비롯한 필요한 처방을 한 후 당직실에 올라갔다. 그런데 이상하게도 계속 그 할아버지 생각이 났다. 그래서 몸은 피곤해서 쉬고 싶었지만, 입원실에 자주 들러서 할아버지의 말벗이 되어 드렸다. 할아버지와 이야기를 나누다가 이렇게 말했다.

"할아버지, 인간은 영적인 존재 같아요."

그러자 할아버지가 자신도 그렇게 생각한다면서 불교 서적을 많이 읽었다고 했다. 내가 물었다.

"할아버지, 교회는 가 보신 적 있으세요?"

그분은 없다고 하셨다. 나는 어디서 용기가 났는지 모르게 할아버지에게 당당히 말씀드렸다.

"저는 교회에 다니는데 죽음 후 영생이 있다고 믿습니다. 그것은 예수님을 믿을 때 받는 선물입니다."

할아버지는 궁금해하며, 나의 신앙에 대해 더 알기를 원하셨다. 나는 성경에서 배운 복음을 내가 아는 한 천천히 설명해 드렸다. 그러자 할아버지가 어떻게 하면 영원한 생명을 선물로 받을 수 있느냐고 다시 물으셨다. 그래서 내가 대답했다.

"저를 따라 하나님을 마음에 받아들이는 기도를 하시면

됩니다."

내가 영접 기도를 시작하자 놀랍게도 할아버지가 나의 기도를 한 문장 한 문장 따라 하셨다. 결국, 할아버지는 그날 새벽 주님을 구주로 영접하셨다. 나는 너무 기쁜 나머지 할아버지에게 말씀드렸다.

"할아버지, 지금 천국에서 할아버지 때문에 말도 못 할 정도로 큰 잔치가 벌어졌어요."

그 할아버지의 구원을 기뻐하시는 주님의 마음이 함께 느껴졌다. 참 행복했다.

사실, 나는 피곤해서 당직실에서 잠시 잠을 청할 수도 있었다. 하지만 주님의 인도하심에 순종해 정말 단순하게 하나님을 전했더니 주님이 알아서 일하셨다. 주님께 나를 사용해 달라고 했던, '이때를 위함'이 나의 일상이 되게 해 달라고 했던 내 기도의 응답이었다.

나를 살린 기도 모임

필라델피아에서 전공의 수련 시절, 직장 동료들에게도 하나님을 알리고 환자들을 위해 함께 중보 기도를 하고 싶어서 하나님께 병원 내에 기도 모임을 허락해 달라고 막연히 기도했다. 그러나 기도는 하면서도 전공의 생활이 너무 바쁘고, 또 각자 다른 스케줄상 함께 모이는 것이 거의 불가능해 보여서 막상 정말 모임이 생기면 어쩌나 하는 생각도 들었다. 그래도 '이것은 주님 당신 일이니까 주님이 해 주세요' 하면서 정말 기도만 했다. 결론적으로 하나님이 친히 기도 모임을 만들어 주셨다.

그 당시 나는 매년 시카고에서 열리던 코스타에 의료 세미나 코디(coordinator)로 섬겨 오고 있었는데, 한번은 미국에서 처음 열린 중고등학생을 대상으로 한 유스코스타 (Youth KOSTA, 한인 청소년 크리스천 모임)에서 '선교적 삶' 강사로 섬겨 달라는 부탁을 받게 되었다. 지금까지도 누가 왜 목사가 아닌 나를 강사로 섭외했는지 알지 못한다. 청소년 사역을 해 본 경험이 전혀 없고, 선교 여행도 가 본 적이 전혀 없는 내가 왜 청소년 집회에서 '선교적 삶'을 주제로 강의 요청을 받았는지 모른다. 그러나 나는 당시 강의를 준비하며 내 삶을 통해 역사하신 우리 하나님을 청년들이 동일하게 경험했으면 하는 작은 소원이 있었다.

집회 기간이 추수감사절이었는데 나는 그동안 병동 당직이었다. 아무도 나 대신 그때 당직을 서 줄 수 없다고 생각했다. 하지만 하나님의 뜻이라면 하겠다고 답하고 기도를 시작했을 때, 놀랍게도 한 동료가 당직을 바꾸어 주겠다고 나타났다. 기적이었다. 하나님의 일하심이었다. 그 덕분에 집회에서 내 '선교적 삶' 세미나를 통해 청소년들에게 하나님의 꿈을 심어 줄 수 있었다.

그리고 현장에 가서 보니 강사들이 강의하지 않을 때는 청소년들의 상담을 하고 있었다. 놀랍게도 의료인을 지망하는 많은 아이들이 나에게 상담을 신청했다. 그중에는 내가 미국 영주권이 없어서 미국 병원에 지원할 때 어려웠던 것처럼, 영주권이 없어서 대학에 지원할 때 어려움을 겪고 있는 친구들이 많았다. 그들의 이야기를 경청하고 내 이야기를 나누어 주면서, 하나님이 펜실베이니아 병원에서 전공의로 일하던 나를 왜 메릴랜드의 유스코스타 수련회로 불러 사용하고 계신지 깨달을 수 있었다.

유스코스타가 끝나고 나서 아는 목사님에게 유스코스타 이야기를 했더니 뉴저지에 있는 자신의 교회 청소년 그룹 간증을 부탁하셨다. 나는 순종하는 마음으로 유스코스타에서 전했던 말씀을 이번에는 영어로 힘닿는 대로 전했다. 그 교회에서 나의 음성이 녹음된 파일을 보내 주었다. 그 동안 병원 동료들에게 전도하고자 하는 마음은 있었지만, 쉽게 한 명 한 명 붙잡고 복음을 전할 시간과 장소를 찾기가 힘들었다. 그래서 든 생각이, 부끄럽더라도 동료들에게 내 간증이 녹음된 CD를 주면서 이렇게 근사하게 말하면 좋지 않을까 하는 것이었다. "내 삶의 이야기야. 재미있게 들으렴(I hope you enjoy)."

한번은 내가 병원 도서관에서 아침 말씀 묵상 큐티(Quiet Time)를 하고 있는데, 그리스 출신 2년 차 전공의 에이탄(Athan)이 나에게 뭐 하고 있느냐고 물었다. 그래서 큐티가 무엇인지에서 시작해 내가 믿는 하나님 이야기가 자연스럽게 나왔다. 결국, 그에게 내 가방에 가지고 다니던 간증 CD를 선물로 주었다. 물론 정말 들을까 하며 반신반의하면서 주었다. 그런데 다음 날 에이탄이 나의 귀를 의심케 하는 말을 했다. "나에게 기도 모임이 필요한 것 같아(I think I need a prayer meeting)." 그 친구는 예수님을 모르는 친구인데, 주님이 그 친구의 마음을 열어 주셨던 것 같다.

나는 내가 아는 예수님을 소개해 주고 싶은 단순한 마음으로 CD를 준 것뿐인데, 주님은 내 상상을 뛰어넘어 그 친구 마음에 나와 함께 기도하라는 마음을 주셨다. 그 친구의 말을 주님의 음성으로 듣고, 기도 모임을 시작했다. 그러자 주님이 계속 사람들을 모임으로 보내 주셨다. 그 모임에서 에이탄과 복음의 본질에 관해 이야기하고 함께 영접 기도를 하던 때를 나는 잊을 수 없다. 에이탄은 그날 주님을 영접한 후 "세상이 다르게 보이기 시작했다, 병원 밖의 나무들이 너무 아름답다. 삶 전체가 변했다"며 책에서나 보았던 간증들을 나에게 해 주었다. 유스코스타 사역에의 작은 순종이 에이탄의 영혼 구원으로 이어진 하나님의 일하심이 참으로 놀라웠다.

에이탄은 놀랍게 신앙이 성장하면서 나를 격려하고 위로해 주는 멋진 동역자로 바뀌어 갔다. 내가 힘들 때 이 친구에게 가장 먼저 기도 부탁을 했다. 한번은 필라델피아에서 휴스턴으로 이사 올 때 약속을 지키지 않은 동료 전공의로 인해 당직 스케줄이 갑자기 바뀌어 곤경에 처한 적이 있었다. 내가 에이탄에게 전화해서 아직 자세한 사정을 얘기하기도 전에, 대번에 "걱정하지 마, 내가 너 대신 당직서 줄게(Don't worry. I will cover for you)"라고 하는 것이 아닌가? 난 그 친구가 가장 바쁜 과를 돌고 있고 이틀 전에 자기 당직이 있는 것을 아는데, 대뜸 나 대신 당직을 서 주겠다고 하는 말에 눈물이 핑 돌았다. 그리고 에이탄은 약속을 안 지킨 동료를 용서하고 함께 사랑으로 기도하자고 제안했다. 나중 된 자가 먼저 된다고 하더니, 예수님을 만난 지 얼마 안 된 에이탄이 이제 나를 위로하고 격려하는 멋진 동역자가 되어 있었던 것이다.

이 친구에게 한번은 이런 일도 있었다. 2주 휴가 기간 한가운데 당직 일이 잡혀 있었다. 부당한 일이라 그는 항의하면 충분히 고칠 수 있는 상황임에도 항의하기보다 이 모든 것이 주님의 뜻일지 모른다는 생각으로 다른 동료들을 위해 휴가 중에 당직을 섰다. 그 결과, 그날 심장 병동에서 함께 일했던 한 전임의와의 계획에 없던 만남을 통해 결국 자신이 가고 싶어 하던 심장 전문 전임의 과정에 들어가게 되었다.

나는 에이탄을 통해 살아 역사하시는 하나님을 종종 보았다. 나중에 내 제자가 이 친구가 일하는 펜실베이니아의 한 병원에서 우연히 만나 이야기 중에 서로 내 지인임을 알고 함께 사진을 찍어 보내 주었다. 아름다운 추억을 소환하게 하시는 '하나님의 위로'처럼 느껴졌다.

직장을 선교지로

전공의 과정을 마치고 종양내과 전임의 과정 중 엠디앤더슨 병원에서 당직을 설 때, 나는 당직실에서 자주 인터넷 기독교 방송을 틀어 놓곤 했다. 한번은 일본 선교 문화 축제인 러브소나타(Love Sonata)를 온라인으로 보면서 일본을 위해 열심히 기도했다. 그런데 바로 다음 날 회진을 도는데, 내가 있었던 골수이식 분과를 방문하러 일본에서 온 의대생이 우리 팀에 합류했다. 그날 나는 학생과 함께 점심을 먹으면서 많은 이야기를 나누었다.

나는 그 학생에게 난 일본 사람에게 감사한 마음이 있다고 말했다. 내 신앙의 많은 부분이 나를 위해 기도해 준 아내 덕분인데, 아내의 신앙은 장모님의 영향이 컸고, 장모님은 대학 채플 시절 알게 된 하나님의 사랑을 미국에서 사귀게 된 일본인 친구를 통해 다시 확인하게 되었다고 말했다. 그리고 아직 하나님을 모르는 그 학생에게 나도 모르게 내 삶에 역사하신 하나님의 놀라운 은혜에 관해 이야기했다.

마냥 신기한 듯 그 학생은 내 이야기를 경청해 주었고 인터넷으로 자기 동네 요코하마에서 열렸던 러브소나타 동영상을 꼭 보고 신앙에 대해 생각해 보겠다고 했다. 난 막연히 일본을 위해 기도했는데, 하나님이 정말 일본인 학생을 그다음 날 내 직장으로 보내 주신 것이다. 열방과 직장을 오가시는 우리 하나님의 일하심이 놀라웠다.

엠디앤더슨 병원에서 백혈병 관련 연구를 하면서 만나게 된 베트남 출신 의사가 있었다. 이 친구와 함께 일하면서 갑자기 그가 하나님을 알았으면 하는 마음이 생겼다. 하나님이 주신 마음이라고 생각했다. 그래서 기도를 시작했다. 미국에서 오랜 기간 연구를 하면서 전공의 과정을 시작하기 위해 한참 고생하던 친구라 더 애틋했다. 나 역시 미국에서 내과 전공의를 시작하기 전에 실험실에서 어려운 시절을 보냈기 때문이다.

감사하게도 이 친구와 그의 아내와 아이들이 현지 교회에 함께 나가기 시작했다. 이 친구는 나와 저녁 식사 도중 예수님을 삶의 주인으로 모시는 기도를 했다. 나는 그와 함께 그의 영적인 생일을 얼마나 기뻐했는지 모른다. 하나님이 나를 먼 미국 땅 휴스턴까지 보내신 많은 이유 중에 이 친구의 영혼을 향한 주님의 한없는 사랑이 있었음이 깊이 느껴졌다. 내가 하나님의 사랑의 통로로 쓰임 받았음에 진심으로 행복했다. 이를 계기로 나는 베트남에 가 본 적이 없지만, 지금도 그 친구와 가족을 위해 기도하고 베트남을 위해서도 기도한다.

그 시절, 병원에서 환자와의 동역이 주는 뜻밖의 기쁨을 경험한 적도 있다. 나는 휴스턴 외곽 빈민 지역에 있는 한 시립 병원에서 파견 실습을 돌며 암 환자들의 주치의가 되어 그들을 돌보고 있었다. 그때 만난 한 대장암 환자가 만날 때마다 나에게 멋진 간증을 해 주었다. 나 역시 환자의 손을 잡고 함께 격려와 위로의 기도를 해 주었다. 전화 통화를 통해 서로의 신앙을 격려해 주기도 했다. 이 환자는 말기 암에 걸렸지만. 이것이 주님이 주신 감당할 만한 시련이라 믿었다. 또한 이 시련으로 인해 주변에 어려움 당한 사람을 향한 하나님의 긍휼하신 마음이 더 크게 느껴지게 되었다고 이야기해 주었다. 그래서 시간만 나면, 자기 주변의 병실 환자들에게 선하신 하나님을 전하고, 그들을 위해 중보 기도한다고 말했다. 어느 날 회진을 돌다가 그가 해 준 이야기가 떠올라 눈물이 앞을 가린 적도 있었다.

이런 순간들을 통해 나는 자연스레 '선교적인 삶'이란 어떠한 삶일까 고민하게 되었다. 그런데 이러한 일련의 과정을 통해 '선교적 삶'은 하나님께 의지하고 순종하기만 하면 충분히 가능한 삶이라는 것을 알게 되었다. 하나님이 나를 내 주변의 영혼과 학교와 직장을 하나님의 마음으로 품는 선교사로 부르셨음이 가슴으로 깨달아졌다. 선교사로서의 내 정체성이 명확해졌다. 내 삶이 이전에는 내가 원하는 것 중심으로 돌아갔었다면, 이제는 예수님이 기뻐하시는 것 중심으로 재편성되고 있었다.

하나님이 나를 어떤 특정한 지역에, 연구실에, 병원에 인도해 주신 이유는 나를 통해 그곳에 하나님 나라가 선포되기 위함이다. 하나님의 선교를 위해, 내가 계획하지 않았고 상상한 적도 없을지라도 하나님은 부족한 나에게 능력과 열정을 주시고, 사람과 기회를 주셨다. 그리고 계속 공급해 주실 것이 믿어졌다. 그래서 나는 매일 아침 내가 일하는 직장의 의료인과 환자들과 그 가족을 위해 이렇게 기도한다.

"이곳에 하나님의 나라가 임하고 구원의 역사가 일어나게 하소서. 주님, 그 일을 위해 저를 사용하소서."

환자들을 향한 '의료 선교사'로서의 내 정체성은 자기 자녀들을 바라보며 가슴 아파하시는 하나님의 마음이 내 마음처럼 느껴졌을 때 공고해졌다. 특별히 미국 유스코스타 수양회를 다녀온 후 환자를 볼 때마다 자꾸 눈물이 났다. 마치 환자의 아픔이 공유되는 것처럼 환자와 함께 아파하는 경우가 많아졌다. 한번은 백혈병을 앓고 있는 한 중년 환자의 입원을 준비하면서, 또 그녀의 손을 잡고 기도해 주며 나도 모르게 말 그대로 쉴새 없이 흐르는 눈물을 경험했다. 응급실에서 입원 오더를 넣으면서도 눈물이 흘렀다. 내 안에 없던 긍휼한 마음이 자라났다. 그러자 내가 하는 공부와 연구의 중심이 나의 성공과 출세에서 환자로 조금씩 그러나 분명히 옮겨 갔다.

사도행전 1장 8절에 "오직 성령이 너희에게 임하시면 너희가 권능을 받고 예루살렘과 온 유대와 사마리아와 땅끝까지 이르러 내 증인이 되리라"고 예수님이 말씀하셨다. 그런데 땅끝은 어디일까? 예루살렘이 우리 가족이고, 유대가 친척과 친구라면, 사마리아는 한때 우리의 일부였으나 이제는 원수가 된 관계다. 그러나 땅끝은 말 그대로 땅끝이다. 나와 아무 관련이 없는 곳이다. 가지 않으면 평생 모르고 죽을 곳이다.

나는 학교, 직장 등 삶의 많은 현장에서 내가 그곳에 있지 않았다면 평생 나와 아무 상관 없었을지도 모르는 사람들을 만난다. 총상 환자가 빈번히 내원하는 필라델피아 병원 응급실에서 만났던 의료 취약 계층 환자들은, 내가 당직을 선 날 그들이 내 앞에 특정 질환의 문제로 찾아오지 않았다면 내가 필라델피아 시내에서 따로 만날 확률이 거의 없는 '나의 땅끝'이다.

그런 의미에서 내 캠퍼스, 내 직장이 나의 땅끝으로 인식되기 시작했다. 지구 한 바퀴를 돌아오면, 지금 내가 딛고 있는 이 땅으로 돌아온다. 그래서 내 발끝이 닿는 이곳은 곧 '나의 땅끝'이다. 특별히 내가 살고 있는 미국 땅은 전 세계 민족과 인종이 모여 사는 곳이다. 내가 미국 밖으로 나가지 않더라도 수많은 나라의 학생들과 이민자들이 이곳으로 공부하러 또는 직장을 구하러 모여든다. 바로 이 땅끝으로 하나님이 나를 선교사로 부르셨음이 믿어졌고, 그 부르심에 감사하게 되었다.

10년 후 네 모습을 그려 보아라

–

필라델피아에서 은혜 가운데 내과 수련을 마치고 나서 우리 가족은 텍사스 휴스턴으로 이사했다. 휴스턴에 살 때, 우리 가정에 하나님이 둘째와 셋째 아이를 선물로 주셨다. 사계절이 뚜렷한 동부와 달리 휴스턴은 무더운 날씨로 일 년 내내 야외 수영장이 열려 있어서 아이들이 참 좋아했다.

내가 전임의로 일했던 엠디앤더슨 암센터는 미국에서 명성으로나 규모로나 최고를 자랑하는 곳으로 암 치료 및 연구의 최전방과도 같은 곳이다. 전 세계 환자들이 최신 암 치료를 위해 그곳으로 모여들었다. 그곳에서 새로운 항암제의 개발, 암의 치료 방법이나 예후를 결정하는 바이오마커(biomarker) 연구, 다양한 표적 치료 임상 시험 등 많은 것들을 배울 수 있어서 좋았다. 여러 가지 항암제를 창의적으로 병합해서 환자들을 치료하고 그 환자들의 상태가 좋아지는 것을 보는 것이 참 행복했다.

필라델피아 때와 마찬가지로 이 병원에서도 하나님께 기도 모임을 달라고 기도했다. 첫 달 전임의들이 모여서 매주 한 번씩 교육을 받는 자리, 그랜드라운드(grand rounds)에서 내 옆에 앉아 있던 크리스라는 친구가 내가 아무 언급도 한 적이 없는데 나에게 대뜸 물었다. "나와 함께 기도 모임 하지 않을래?" 너무 놀랐다. 크리스는 사실 내가 크리스천인지도 몰랐다. 그의 제안은 내 기도의 응답이었다. 당연히 내 대답은 "물론이지"였다. 용기가 없던 나는 오로지 기도만 했는데 하나님은 다른 동료의 입술을 통해 기도 모임을 시작하게 하셨다.

또 한스라는 친구를 하나님이 보내 주셨다. 그들과 함께 삶을 나누고 매주 그랜드라운드 한 시간 전에 모여 환자를 위해, 동료들을 위해 기도했다. 함께 기도해 온 한 영혼이 주님을 영접한 일도 있었다.

고등학생 시절에는 의대만 들어가면 누구나 같은 의사가 되는 줄 알았고, 의대생 시절 내과에 들어가면 누구나다 내과 의사가 되는 줄 알았다. 그러나 삶은 선택의 연속이었다. 전공의 시절 혈액종양내과 후의 삶은 다 비슷할 줄 알았지만, 개업하느냐, 대학병원에 남느냐, 어떤 세부 전공을 하느냐에 따라 매우 다른 삶을 살게 됨을 알게 되었다. 진료, 연구, 그리고 교육을 다 하고 싶었기에 대학병원에서 세부 전공을 가진 암 전문의가 되고 싶었다. 그런데 과연 어떤 세부 전공을 추구해야 할지 고르는 것이 힘들었다. 모든 분야가 각각의 매력이 있었다.

나는 하나님께 묻고 싶었다. 그래서 내가 출석하던 교회로 새벽 기도를 갔다. 40일간 세 명이 매일 새벽 기도 후에 모여서 각자의 기도 제목을 나누고 서로 기도해 주었다. 본인 앞에서 그의 기도 제목을 놓고 매일 기도하는 특별한 경험이었다. 마지막 날까지 별 응답이 없었다.

마지막 날 오후, 병원에서 한 교수님과 회진을 돌았다. 그런데 회진 후에 내가 요청하지도 않았는데 그 교수님이 자기 연구실로 나를 부르셨다. 토요일이었던 그날 내 진로 상담을 해주고 싶다고 하셨다. 나는 그 교수님이 크리스천인지 모른 채 그분 방에 찾아갔다. 나에게 이것저것 묻더니 눈을 감아 보라고 하셨다. 그리고 10년 후에 내가 어디서 무엇을 하고 있는지 그림을 그려 보라고 하셨다. 신기하게도 암의 종류와 관계없이 새로운 항암제를 개발하는 임상 시험을 진행하면서 암 환자들을 돌보고 있는 내 모습이 그려졌다. 그래서 그렇게 말씀드렸더니 조기 임상 시험

(early therapeutics clinical trial) 세부 분과가 나에게 어울린다고 격려해 주셨다. 그렇게 교수님 방을 나오는데 눈물이 핑 돌았다. 하나님의 세밀한 기도 응답이었다.

그 후 나는 이 분야에 대해 더 공부했고 전임의 과정을 마친 얼마 후에는 시카고 노스웨스턴대학 병원의 조기 임상 시험 암센터의 공동 책임자(co-director)가 되었다. 또 현재는 미국에서 가장 큰 임상 시험 그룹인 SWOG(Southwest Oncology Group)의 조기 치료법과 희귀 암 위원회(early therapeutics & rare cancer committee)의 부의장(vice-chair)으로 전국적 임상 시험들을 계획하고 관리하는 일을 하고 있다. 졸업 후 갈 길을 몰라 동역자들과 함께 기도했을 때, 주님이 나의 진로를 친히 인도해 주셨던 소중한 경험이다.

너는 어쩌면 나를 닮았니?

볼티모어, 필라델피아, 휴스턴 등지로 잦은 이사를 다녀야 했지만, 출석했던 교회들에서 따뜻한 신앙 공동체를 체험할 수 있었던 것이 큰 축복이었다. 볼티모어 젊은 부부 소모임에서 그 당시 첫아이를 임신했던 아내를 위해 예쁜 베이비샤워(출산이 임박한 임산부나 갓 태어난 신생아를 축하하기 위한 행사)를 해 주었는데 그때의 감동을 우리 부부는 지금도 잊

96

지 못하고 있다. 공동체 안에서 사랑받고 있다는 느낌이 이런 것이구나 알게 되었다. 매주 큐티를 같이 하고 삶을 나누는 행복을 배웠다. 그리고 필라델피아에서 우리 부부는 한 부부와 북클럽을 하며 삶을 나누고 서로의 삶이 변화되어 가는 기쁨을 누렸다.

휴스턴에서는 매주 집을 오픈해 주시는 소그룹 리더(목자) 가정에서 섬김을 배웠다. 당시 앰디앤더슨 병원의 교수님들이 우리 소그룹에 있었는데, 환자 가정과 연수 오신 한국의 교수님 가정을 사랑으로 섬기는 그들의 모습을 보면서 많은 감동을 받았다. 많은 분들이 한국 병원에서 보내 준 1년 정도의 연수를 마치고 한국으로 들어가실 때는 예수님을 알게 되는 축복이 있었다. 정년을 앞둔 노교수님이 한국에서 한 달 파견 실습을 나온 본과 4학년 학생을 위해 쌀을 사서 자기 집 밥통을 가지고 숙소에 찾아가신 일은 지금도 기억에 남아 있다.

볼티모어, 필라델피아, 휴스턴 등지에 살면서도 매해 여름에는 시카고를 찾았다. 코스타 수양회가 있기 때문이다. 그곳에서 새롭게 만나는 가족들과 삼시 세끼를 같이 먹으면서 삶을 나누고, 서로를 위해 함께 기도하면서 서로 몰랐던 가정들이지만 주 안에서의 깊은 나눔과 서로를 위한 기도를 통해 치유와 회복이 임할 수 있음을 알게 되었다.

시카고에 오기 전 세 도시를 다니면서 보냈던 시간은 의사로서의 수련을 위한 것이기도 했지만, 예수님 안에서 진정한 나눔이 있는 소그룹이 어떻게 사람을 변화시킬 수 있는지 깨닫는, 크리스천으로서의 수련 기간이기도 했다.

드라마 〈이태원 클라쓰〉의 삽입곡으로 나왔던 〈지금도 싸우는 중〉(Still Fighting It)이라는 유명한 팝송이 있다. 힘겹게 세상을 살아가는 아버지가 아들에게 앞으로의 삶이 쉽지 않을 것이라고 이야기해 주는 노래다. 가사 중에 이런 말이 나온다.

"넌 나를 참 많이 닮았구나. 미안하다"(You're so much like me. I'm sorry).

아들에게 많은 것을 해 주고 싶지만 해 줄 수 없는 안타까운 부성애가 느껴진다. 그런데 참 대조적으로 하나님 아버지는 능히 하지 못할 일이 없으신 분인데, 동시에 나를 자녀 삼아 주셨다. 예수님은 나를 사랑하셔서 십자가에서 자기 목숨을 내어 주신 분이다. 하나님은 내가 예수님을 닮아 가는 것을 가장 기뻐하신다. 나는 종종 예수님이 나에게 이렇게 말씀해 주시는 것을 상상한다.

'넌 나를 참 많이 닮았구나. 고맙다.'

휴스턴에서 다니던 교회에 연수 오셨던 한 목사님이 들려주신 연수 소감이 지금도 기억에 남아 있다.

"소그룹 리더들이 어쩌면 목사인 저 같은지 모르겠습니다."

소그룹을 자기 가족처럼 섬기고 사랑하는 모습이 목사님을 감동시켰던 것이다. 그때부터 내가 기도할 때마다, 하나님의 음성을 듣는 시간을 가질 때마다, 하나님에게서 가장 듣고 싶은 말이 하나 있다.

"너는 어쩌면 나와 닮았니?"

상처: 상처가 달란트다

사람들은 성공을 위해 훌륭한 멘토를 만나는 것이 참 중요하다고 말한다. 내가 미국에 오면서 가장 기대했던 것들 중 하나는 좋은 멘토를 만나 많이 배우고 그분들의 도움을 통해 자라가는 것이었다. 하지만 내 삶의 고비마다 나에게 기회를 주시고, 나를 믿어 주셨던 참 고마운 분들이 개인적으로 불미스러운 일들로 인해 대학병원 교수 자리에서 내려오시는 일들이 세 번 연거푸 일어나게 되었다. 그 중 한 분은 엠디앤더슨 병원에서 함께 일하던 한 교수님으로, 본인의 분야에서 세계 최고의 전문가이자 나에게 좋은 기회와 미래를 약속해준 분이셨는데, 시카고에서 열리는 암학회에서 만나 연구 미팅을 하기로 한 전날에 연락이 끊겼다. 나중에 알고 보니 살인 미수로 텍사스 법정에서 10년 형을 언도 받으셨다고 한다. 안타까웠다. 모두 멘토로서 나를 이끌어 주겠다고 말씀하신 분들이다. 이런 일이 내 삶에 일어난 것이 지금은 한 편의 드라마처럼 느껴진다. 이 일들은 좋은 멘토링을 원했던 나에게 상처로 남았지만, 또 미래의 의사들에게 좋은 멘토가 되어주고 싶은 소망의 밑거름이 되었다.

내가 휴스턴에서 전임의 과정을 마칠 무렵, 당시 우리 전임의들의 멘토였던 故 홍완기 교수님이 나에게 해 주신 말씀이 있다.

"당신은 멘토를 찾을 필요가 없습니다. 자신을 스스로 멘토링하세요."

또 전임의들과의 정기적인 아침 식사 자리에서 이런 말씀도 하셨다.

"나는 멘토링이 참 좋습니다. 멘토링에는 정치가 없습니다. 그냥 잘해 주면 됩니다."

나와 내 동기 전임의들은 지금도 이 말씀을 기억한다. 그 당시 정년을 앞두셨던 홍완기 교수님의 관심과 격려를 먹고 자랐기에 나 역시 좋은 멘토가 되고 싶은 마음이다.

마태복음 25장에 달란트 비유가 나온다. 주인이 떠날 때, 세 명의 종에게 각각 다섯, 둘, 그리고 한 달란트를 주었다. 1달란트는 오늘날 노동자의 20년 치 월급에 해당한다. 각각 다섯 달란트와 두 달란트를 받은 종은 장사하여 받은 만큼의 돈을 이윤으로 남겼다. 하지만 한 달란트를 받은 종은 땅에 묻어 둔 채 돌아온 주인을 맞았다.

오늘날 달란트는 재능이나 능력으로 해석된다. 사실, 이 이야기는 앞에서 나누었던 포도원의 비유만큼이나 쉽게 이해되지 않았던 이야기다. 빈익빈 부익부 이야기처럼 들렸다. 그런데 어느 날 기도 중에 문득 달란트는 다름 아닌 '상처'나 '통과한 고난'일 수 있다는 생각이 들었다. 우리가 헬렌 켈러 이야기에 귀 기울이는 이유는 그녀가 세 가지 고난을 짊어지고도 놀라운 재능을 보여 주었기 때문이 아닌가. 상처라는 달란트가 많으면 많을수록 그만큼 섬길 수 있는 선교지가 많아지는 셈이다.

나의 경우에 멘토가 사라졌던 상처가 좋은 멘토링에 대한 열정이라는 달란트가 되지 않았을까? 이후로는 내 마음에 생채기가 하나씩 생길 때마다 달란트를 하나 더 얻었다고 여기게 되었다. 예수님의 십자가에 못 박힌 손의 상처가 영광의 징표가 되었듯이, 내 아픔이 달란트가 되어 다른 영혼들에 공감하고, 그들을 사랑하는 능력이 되길 기도한다. 상처(scar)는 별(star)이 되고, 열매(fruit)가 된다.

3부

제자들을 향한

하나님의

사랑의 언어

완벽한
타이밍

하나님의 뜻이 아니면 막아 주세요

나는 내가 시카고에서 살게 될 줄은 전혀 예상하지 못했다.

휴스턴에서 여러 대학병원 교수 자리에 지원을 시작할 무렵 감회가 새로웠다. 이제 긴 수련 기간을 마감하고 드디어 자리를 잡게 되는구나 하고 생각했다. 나는 하나님이 원하시는 그곳에 가기를 원했다. 물론, 명성 높은 병원이 있는 곳, 훌륭한 멘토들이 있는 곳, 날씨와 자연환경이 좋은 곳, 아이들 교육하기 좋은 곳, 그리고 한국으로 가는 직항 항공편이 있는 곳, 등등 내가 원하는 것들이 있었다. 하지만 내가 있어야 할 곳은 나보다 하나님이 더 잘 아실 것으로 생각했다. 그리고 볼티모어에서 경험한 하나님을 생각했다. 나 한 명보다 내 가정을 하나로 보시는 하나님이 우리를 가장 좋은 곳으로 인도하실 것이라는 확신이 들었다. 그래서 이렇게 기도했다.

'겉으로 보기에는 완벽해 보이는 곳이라도, 내가 가장 가고 싶은 곳이라도, 하나님 뜻이 없으면 막아 주세요.'

미국에서는 전임의들은 빠르게는 졸업하기 2년 전에도 직장을 잡는다. 보통은 졸업하기 1년 전에 대략 어느 곳으로 갈지 윤곽이 나온다. 그런데 나의 경우, 여러 곳에서 인터뷰를 하고 또 2차 인터뷰를 했음에도 불구하고 졸업이 눈앞에 다가온 시점까지 오라고 하는 곳이 없었다. 졸업 동기 중에서 새 직장 계약서에 사인하지 않은 사람은 나밖에 없었다. 직장 없이 졸업하게 되면, 아내와 세 아이의 의료 보험이 끊기게 될 것이 걱정되기 시작했다. 피 말리는 기다림의 시간이 지속되자 하나님의 뜻이 없으면 막아 달라고 기도했던 것이 잠시나마 후회되기 시작했다. 여러 가지 이유로 막히는 상황이 잘 이해되지 않았다. 자존심이 상했다. 가족들에게 미안한 마음도 들었고, 막판까지 애타게 만드시는 하나님이 원망스럽기도 했다.

그런데 내 마음속에 하나님의 타이밍이 나의 타이밍과 다르더라도, 많이 느리게 느껴지더라도, 하나님의 일하심에 대한 알 수 없는 기대감이 있었다. 그래서였을까. 생각보다 길었던 기다림의 시간을 비교적 잘 견딜 수 있었다.

그러던 중, 조기 임상 시험 책임자를 찾는다는 정보를 시카고의 노스웨스턴대학병원에서 우연히 알게 되었다. 놀랍게도 1차 인터뷰에서 바로 정식 제의를 받았고, 다음 날 정식적으로 일하기로 결정했다. 전임의 과정을 졸업하는 6월의 딱 한 달 전인 5월에 극적으로 자리를 잡았고, 7월부터 바로 일을 시작할 수 있었다. 이사 가게 될 집도 곧이어 구하게 되었다. 바로 이사할 수가 없는 상황이어서 당시 시카고 근교 휘튼대학에서 열렸던 미주 코스타 수양회 기숙사로 차와 간단한 이삿짐을 부쳤다. 그렇게 나의 시카고 생활은 시작되었다.

시카고에 가게 해 달라고 기도한 적은 없었지만, 나는 이 모든 과정이 나보다 나를 더 잘 아시는 하나님의 손에 의해 이뤄지고 있음을 신뢰할 수 있었다. 시카고에서의 생활이 기대되었다.

하나님의 계획은 완벽하다

지금 내가 있는 이 자리도 사실 내가 전혀 알지 못하던 자리였다. 현재 나는 내가 일하고 있는 노스웨스턴대학 병원 암센터에서 일어나는 수많은 첨단 임상 시험과 환자 연구의 책임자가 되었다. 교수가 된 지 1년도 안 되어서 미국

보건국 산하 국립 암 연구소(National Cancer Institute)의 정밀 의학(precision medicine) MATCH 임상 시험의 책임자 중 한 명이 되었다. 비슷한 시기에 미국 임상 시험 그룹(SWOG)에서도 희귀 암을 위한 전국적 면역 치료 임상 시험을 함께 계획하고 관리하는 총책임자 중 하나가 되었다. 다른 대학 병원에 갔었더라면 일어날 수 없었을 파격적인 일들이다. 이 모든 것이 나에게는 하나님의 또 하나의 '깜짝 선물'처럼 느껴졌다.

내가 떠나온 한국에서도 내 연구가 인정을 받아 2016년 한국과학기술단체총연합회(KOFST) 창립 50주년 세계과학기술인대회에서는 정밀 의학 분야의 국제 권위자로 선정되어 주제 발표를 하게 되었고, 2020년 서울대학교 의과대학 미주동창회에서 주는 학술상인 학장상을 받기도 했다.

하나님이 내게 마련해 주신 선물 중에는 좋은 관계들도 있다. 먼저 하나님은 내가 알지도 못했던 많은 좋은 협력 연구자들을 만나게 해 주셨다. 임상 시험 학회 안에서 좋은 멘토링을 받을 기회들을 주셨다. 학회를 통해서도 너무나도 좋은 만남들을 허락해 주셨다.

또한 볼티모어, 필라델피아, 휴스턴에 살 때도 14시간을 운전해서 또는 비행기를 타고 오던 미주 코스타 수양회를 이제는 차로 한 시간이 안 걸리는 거리에서 참석하게 되었고, 이곳에서 섬기며 신앙의 동역자들을 풍성히 만날 수 있었다. 더욱이 시카고의 위치상 미국의 중앙에 있기에 동부와 서부에서 참석하는 사람들을 고려해서 여러 중요한 대회나 미팅들이 시카고에서 열리는 일이 많은데, 이곳에 살면서 많은 사람과 연결해 주시는 하나님의 인도하심을 느꼈던 적이 한두 번이 아니다.

지금 시카고에서 환자들을 돌보고, 제자들을 가르치고, 암 연구를 하는 것이 참 감사하고 행복하다. 특히, 내가 찾지 않았어도 좋은 제자들이 나의 시카고 연구실을 찾아와 주어서 고맙다. 제자들을 위해 만든 프로젝트들이 예상치 못한 좋은 결과를 낳는 일들을 보면서 하나님이 일하심을 본다.

나는 〈나의 기도하는 것보다〉라는 찬양을 좋아한다. "나의 기도하는 것보다/더욱 응답하실 하나님,/나의 생각하는 것보다/더욱 이루시는 하나님."

이 가사처럼 말 그대로 나의 기도와 상상을 초월하여 일하시는 하나님이 이제는 조금씩 기대가 된다. 막힌 길만 보일 때는 힘들다. 하나님의 뜻이 아니라면 막으시지만, 당신의 뜻이 있는 곳이라면 그분의 타이밍에 그분의 방법으로 언제나 나를 사용하실 것이라는 믿음이 시나브로 자라나고 있다.

사람이 곧 하나님의 땅이다

━

《소공녀》(The Little Princess)라는 잘 알려진 어린이 동화가 있다. 세라 크루(Sarah Crewe)라는 여자아이가 이야기의 주인공이다. 인도에서 성공한 사업가 아버지는 어머니를 일찍 여읜 세라를 기숙 학교에 맡기게 된다. 세라는 학교에서 공주처럼 지냈지만, 물려준 재산이 없이 아버지가 돌아가셨다는 소식이 전해지자 누더기 옷을 입은 채 다락방에서 지내야 하는 하녀로 하루아침에 신세가 바뀐다. 어려운 환경에서도 꿋꿋하게 '공주처럼' 행동하면서 살아가던 세라에게, 톰 캐리스포드라는 아버지 친구는 세라의 아버지가 남긴 재산을 세라에게 전해 주기 위해 찾아온다. 결정적인 순간에 아버지 친구의 도움을 받게 된 세라는 다시 '공주처럼' 살 수 있게 된다.

어느 날, 기도 중에 하나님이 어렸을 때 보았던 이 동화책을 기억나게 해 주셨다. 가장 먼저 깨달았던 점은 세라의 당당한 삶의 자세가 하나님의 자녀로서의 내 삶의 자세가 되어야 하지 않을까 생각했다. 내 삶의 자리가 아무리 어렵고 힘든 자리라 하더라도 천국을 상속받을 권세를 갖는 자녀임을 기억해야 함을 세라가 이야기해 주는 것 같았다. 지금도 세라가 기숙학교 민친 교장에게 했던 이 대사를 나는 가끔 읽어 본다.

"나는 공주입니다. 모든 소녀가 다 마찬가지입니다. 작은 다락방에 살더라도요. 누더기를 걸쳤어도, 얼굴이 예쁘지 않아도, 똑똑하지 않아도, 어리지 않아도요. 그들은 모두 공주들입니다."

다음으로 깨닫게 된 것이 하나님이 나에게 주신 역할이 세라의 아버지 친구인 '톰'의 역할이라는 것이다. 톰은 자기 재산이 아닌 세라의 아버지의 재산을 전해 주는 역할을 한다. 그는 아버지 친구로서 세라의 안위를 걱정하고 진심으로 아껴 준다.

요한복음 15장 15절에 예수님이 "너희를 친구라 하였노니"라는 말씀이 나온다. 나는 하나님의 자녀이기도 하지만, 그분의 친구라는 생각이 들었다. 하나님의 자녀인 또 다른 '세라'들에게 세라의 참된 아버지 되신 하나님의 친구, '톰'이 되어 그분의 사랑과 축복을 전해 주고 싶은 마음이 생겼다. 그러자 내 주변에 있는 수많은 절망적인 상황 속에서 희망을 잃지 않으려 노력하는 '세라'들이 보였다. 그들은 하나님이 예비하신 풍성한 유산을 물려받을 상속자들이 아닐까? 그리고 나는 지금 내가 있는 곳, 시카고 연구실과 진료실에서 '세라'들을 찾아 '아빠 친구 톰'의 역할을 감당해야 하는 것이 아닐까?

하늘로부터 내리사랑

나는 군복무 후 미국에 유학 오기 전에 플로리다주 마이애미라는 도시에서 어렵게 진료실 참관을 한 적이 있다. 나는 미국에서 의대를 졸업하지 않았고 미국 의료 시스템을 경험해 보지 않았기 때문에, 미국 병원에서 실습하거나 참관하는 것이 미국 병원에서 전공의로 수련하기 위해서 중요한 일이었다.

이즈음 참관을 가 보고 싶은 병원에 이메일을 백 통 정도 보냈던 것 같다. 오라고 한 곳도 없었고, 답장을 보낸 교수들도 거의 없었다. 참 막막했다. 감사하게도 나중에 마이애미의 프로그램을 알게 되어 그곳에서 참관하고 그곳 교수님들의 추천서를 받을 수 있었다. 이 과정을 거쳐 봤기 때문에 나는 학연, 지연, 혈연이 아무것도 없는 낯선 땅에서 새로 시작하는 분들의 마음을 어느 정도 이해한다.

나는 지금도 종종 누군가가 보낸 백 통 중 한 통의 이메일을 받는다. 어떤 이메일은 파키스탄에서 오고, 또 어떤 이메일은 브라질에서 온다. 마태복음 25장 40절에서 예수님이 "지극히 작은 자 한 명 지극히 작은 자 하나에게 한 것이 곧 내게 한 것이니라"라고 말씀하신다. 병원에서 지극히 작은 자 한 명은 아무 경험도 없고 꾸어다 놓은 보릿자루 같은 학생이나 참관 의사가 아닐까 생각했다. 교수가 된 이후 언제부터인가 이 이메일들이 친구 되신 하나님이 나에게 하시는 부탁으로 보이기 시작했다.

'내 아들이란다. 내 딸이란다. 영광아, 잘 부탁한다.'

하나님의 목소리가 나지막이 가슴에 울렸다. 나 역시 하나님이 직접 인도하셔서 지금 이 자리에 있음을 부인할 수 없기에 이들에게 '톰'의 역할을 해 주고 싶어졌다.

그래서 지금 시카고의 연구실과 진료실의 내 제자 중에는 이곳 노스웨스턴대학의 학부생, 의대생, 전공의, 전임들도 있지만, 미국에 아무 연고도 없이 새롭게 임상과 암 연구를 배우러 오는 학생들과 의사들이 많다. 나는 이들을 알지 못했지만, 이들의 이메일이 나를 찾았다.

나는 해외로 선교 여행을 가 본 적이 많진 않지만, 인도, 아제르바이잔 공화국, 사우디아라비아, 시리아 등에서 귀한 영혼들이 나를 찾아왔다. 제자의 모습으로 선교지가 나에게 왔다. 나는 그들을 몰랐지만, 그들이 나를 찾아냈다.

사실, 미국에서의 임상 경험, 연구 경험이 전혀 없던 친구들을 가르치는 일은 쉽지 않았다. 성격 급한 나에게 상당한 인내심을 요구하는 일이었다. 병원과 학교에서는 아무도 알아주지 않는 일이었다. 하지만 하나님이 보내 주신 사람들이라는 믿음으로 그들을 섬기는 일이 시카고 내 연구실에서 시작되었다. 내가 그들의 성공을 진심으로 바라고 응원하는 이유는 하나님이 그들을 사랑하신다는 것 하나였다. 그들을 위해 기도할 때 하나님이 참 애틋한 마음들을 부어 주셨다.

'내리사랑'이라는 말이 있다. 나는 의대 생활 중에 '아르페지오'라는 클래식 기타 동아리를 했다. 동아리 안에서 아름다운 추억들이 많았다. 선배들이 후배들에게 밥을 사주면서 우리가 선배들을 대접하기를 원하면 너희는 다음에 들어온 후배들에게 잘해 주면 된다고 선배들이 말해 주곤 했다. 그것이 '내리사랑'이라고, 너희도 너희 후배들을 잘 챙겨 주라고 이야기해 주었다. 나 역시 배운 대로, 내 제자들에게 너희도 앞으로 너희 도움을 필요로 하는 사람들에게 잘해 주는 것이 내가 원하는 것이라고 이야기해 준다. 'Pay back(되갚기)'이 아닌 'Pay Forward(앞으로 갚기)'의 삶이다.

누가복음 12장에서는 한 걸음 더 나아가 갚거나 앞으로 갚을 길이 보이지 않는 사람들을 초대하라고 말한다. 일부러 정말 가난한 자, 걷지 못하는 자, 앞을 보지 못하는 자들을 초대하라고 예수님이 말씀하신다.

테니스를 좋아하는 나에게 하나님은 에이스 서브(ace serve)를 원하신다는 생각이 들었다. 절묘하게 코너로 들어오는 서브는 상대방이 되받아칠 수 없다. 리턴할 수 없는 서브, 갚을 길 없는 섬김을 기뻐하시는 하나님이 갚음은 오직 당신께 있다고 말씀하신다. "주라 그리하면 너희에게 줄 것이니 곧 후히 되어 누르고 흔들어 넘치도록 하여 너희에게 안겨 주리라 너희가 헤아리는 그 헤아림으로 너희도 헤아림을 도로 받을 것이니라"(눅 6:38).

하나님의 마음을 듣는 것, 그것이 내가 하는 모든 사역의 기초다. 나는 이때 마음을 담아 "부탁"이라는 시를 썼다.

부탁

채영광

아침에 찾아온 하나님 부탁
내 아들 잘 부탁할게
내 딸 잘 부탁할게

낮에 보이는 하나님 마음
내 아들 때문에 정말 아프단다
내 딸 때문에 많이 울었단다

저녁에 들리는 하나님 음성
내 아들 기다려주어서 고맙다
내 딸 품어주어서 고맙다

내가 뭐길래 나에게 부탁하실까?
거저 받은 은혜
수지 맞은 인생
날마다 듣고 싶은
내 공감의 근원
하나님 부탁

경청: 사역의 시작은 듣는 것에서

나는 정현종 시인의 "방문객"이라는 시를 참 좋아한다. 시인은 "사람이 온다는 건/ 실은 어마어마한 일"이라고 말한다. 그는 그 이유를 "그의 과거와/현재와/그리고/그의 미래와 함께 오기 때문이다/한 사람의 일생이 오기 때문이다"라고 설명한다.

코스타 상담 사역을 통해서 한 사람의 일생이 오는 것, 부서진 마음이 오는 것, 그리고 그 마음을 환대하는 것이 어떤 것인지를 어렴풋하게나마 알게 되었다. 1시간 20분이라는 짧은 상담 시간 동안 전심으로 경청하는 것이 얼마나 중요한지 모른다. 그래서 누구와 대화하든지 그 순간만큼은 그 사람의 눈만 바라보고 전심으로 경청하려고 노력한다.

그래서 나는 진료 중에는 스크린을 보지 않기로 결심했다. 필요한 정보는 내가 잊지 않고 참고하기 위해 종이에 적고, 처음부터 끝까지 진료 중에도 환자의 눈만 바라본다. 그 순간에는 환자의 작은 표정 변화와 그의 마음의 흐름에 집중하고 싶어서다. 진료를 마친 후에 다른 공간에서 진료 기록과 오더를 따로 넣느라고 시간이 더 걸리기는 하지만, 진료할 때마다 단순히 질병이 아닌 한 사람의 인생이 온다는 생각으로 지금도 환자에 집중하는 진료를 하고 있다. 제자들을 대할 때도 마찬가지다.

정말 놀라운 것은 내가 특별히 해답을 제시해 주지 않더라도 충분히 경청하고 기도해 주면 많은 경우에 하나님의 일하심을 목도하게 된다는 것이다. 사실, 내 지혜로 제시해 줄 수 있는 해답도 없다. 어떤 제자는 자기 마음을 물어보아 준 사람은 내가 처음이라고 말하기도 했다. 한번은 코스타 상담 중에 자기에게 일어난 일들을 볼 때, 하나님이 없는 것 같다고 고백하는 학생을 만났다. 그런데 그 학생이 바로 다음 날 하나님을 다시 찬양하게 되었다는 이야기를 나중에 들은 일도 있다. 나는 단지 경청했을 뿐이고, 하나님이 일하신 것이다.

내가 하는 모든 사역의 기초는 바로 경청하는 자세다. 정현종 시인이 말한 "한 사람의 일생"이 우리 연구실을 찾아올 때, 우리가 할 일은 그 일생을 더 잘 알기 위해 모두가 그의 '인생 곡선'을 그리며 경청하는 것이다. 내 이야기에 전심으로 경청해 주는 사람이 있을 때, 치유, 곧 힐링이 시작된다고 믿는다.

언제나 내 이야기와 내 기도에 그 누구보다도 귀 기울여 주시는 하나님이 계시다는 사실이 큰 위로가 된다.

뜻밖의 제안
: 모닝 10분 기도

뜻밖의 제안, 같이 기도하실래요?

하루는 뜻밖의 이메일을 받았다. 한국에서 의대를 졸업한 선생님 한 분이 나에게 배우고 싶다고 시카고 연구실로 오고 싶다는 내용이었다. 그는 교회에서 나의 아내를 잘 따르던 자기 누나를 통해 나에 대해 듣고 알게 되었다고 했다. 그는 하나님께 기도하던 중 하나님이 내가 있는 시카고로 가기를 원하신다는 마음이 느껴졌다고 했다. 나는 마침 그의 누나가 볼티모어에서 의사로 일하고 있었기에 시카고에 오기보다는 누나가 있는 도시로 가면 좋겠다고 답장을 보냈다. 하지만 계속 시카고로 오고 싶다고 하여서 결국은 내 연구실로 오게 되었다.

이 친구가 온 바로 다음 날 나에게 말했다. "교수님, 아침에 저와 같이 기도하실래요?" 자기가 기도를 하는데 진료 시작하기 전 아침에 나와 함께 기도하고 싶은 마음이 들었다고 했다. 당황스러웠다. 잘 모르는 친구가 갑자기 건네는 함께 기도하자는 제안도, 이것을 하나님이 원하시는 것 같다는 말도 부담스러웠다. 그래서 일단 그 제안에 대해 기도해 보겠다고 대답했다.

그러고 보니 아침에 10분 정도 함께 기도하는 것이 나쁘지는 않을 것 같다는 마음이 들었다. 아침에 출근 기차를 타고 내 연구실에 도착하면 아침 6시 40분이다. 그래서 매일 아침 그 시간 내 방에서 10분 동안 같이 기도했다. 이 친구는 통성 기도를 방언으로 하면서 가끔씩 눈물 콧물을 다 쏟는 것이었다.

나는 이 시간들을 통해 자연스레 그날 진료할 환자들과 가족들을 위해, 내 학생들을 위해 더 많은 기도를 쌓을 수 있었다. 비록 처음에는 몰랐지만, 이 기도를 통해 매일 아침 내 삶을 통해 하나님이 하실 일들을 더 기대하게 되었다. 내가 학회나 출장을 가 있을 때도 같은 시간에 전화기 스피커폰으로 기도를 이어 갔다. 기도를 통해 영적으로 힘든 상황을 돌파하는 것이 어떤 것인지 어렴풋이 알게 되었다.

그 당시 나에게 연수를 와 계셨던 의대 교수님도 이 형제가 한국으로 돌아갈 때쯤 함께 참여하게 되어서 아침 기도는 이어지게 되었고, 지금 이 순간에도 나에게 배우러 온 많은 제자들과 함께 계속하고 있다. 심지어 한국으로 돌아간 제자들이 내 연구실에서 시작한 아침 10분 기도를 지금까지 하루도 빼놓지 않고 지속하고 있다는 소식을 듣는다. 나는 '습관이 영성'이라는 말을 믿는다. 지금도 화상 미팅을 통해서 하는 북클럽이나 간증 모임에서도 이 기도의 전통을 이어 가고 있다.

하나하나 구체적으로 기도하라

10분 기도 모임을 같이 할 때, 제자들로부터 긴급하거나 중요한 기도 제목을 받아서 함께 중보 기도를 집중적으로 한다. 기도는 구체적일수록 좋다. 구체적으로 기도하여 구체적인 응답이 오면 그 기도를 들어주신 분이 살아 계신 하나님이심을 확연히 알 수 있기 때문이다. 어린 시절 아버지께 선물을 사 달라고 할 때, 그냥 좋은 선물을 주시라고 하지 않고 어느 문방구에 있는 얼마짜리 어떤 조립식을 사고 싶다고 정확하게 말하곤 했다.

내 삶에는 이렇게 구체적인 기도에 응답하심으로 살아 계신 하나님을 경험하고 싶다는 기도들이 많았다. 첫째 아이의 출생일이 원래 출산 예정일이 되게 해 달라는 황당한 기도도 순전히 하나님이 나와 내 아내의 구체적인 기도에 응답하심을 경험하고 싶어서, 그 하나님을 또 증거하고 싶어서 시작했던 기도였다. 진통 시간도 정해서 기도했다. 그리고 그 기도는 정말 놀랍게도 정확히 응답되었다.

또 여동생의 결혼식 날짜를 놓고도 기도했었다. 내가 미국 병원에서 전공의 생활을 시작하기 전에 비자를 바꾸기 위해 한국을 방문할 시기에 나와 내 아내도 동생의 결혼식에 참여해 축하해 주고 싶었다. 전공의 생활을 시작하면 한국 방문을 계획하기가 쉽지 않았기 때문이다. 그래서 내 여동생에게 남자 친구가 있지도 않았는데, 여동생의 결혼식 날짜부터 정하고 구체적인 기도를 시작했다. 그런데 놀랍게도 그 후에 남자 친구가 생겼고, 기도했던 그 날짜에 결혼하게 되었다. 물론, 내가 그 날짜로 기도하고 있다는 사실을 다른 사람들에게 이야기하지 않았다. 또 결혼식장 문제로 날짜가 바뀌더니 내가 기도했던 날짜로 결혼식이 진행되었다. 더 놀라운 것은 동생의 신랑 역시 여자 친구가 없던 2년 전부터 그 시기, 5월에 결혼하게 해 달라고 기도해 왔다는 것이다.

나는 시카고 내 연구실에 있는 제자들에게 구체적으로 기도하자고 이야기한다. 감사하게도 제자들과 함께 한 구체적인 기도들이 응답된 경험이 많다. 최근에 시카고로 너무 오고 싶어 하던 선생님 역시 구체적으로 기도했고, 기도하던 대로 시카고에 있는 병원에 조기 합격(prematch)되었다. 인터뷰가 뒤늦게 잡혔을 때 소통의 미숙으로 스케줄이 잡히지 않아 마음고생을 했는데, 결국 다시 인터뷰를 받고 합격하게 되었다.

마찬가지로 두 해 연속 미국 병원에서 인터뷰를 하나도 받지 못해서 힘들어하던 선생님이 인터뷰 하나만 하게 해 주시면, 그것을 하나님의 사인으로 여기고 포기하지 않겠다고 기도했다. 결국, 그 기도 후에 인터뷰를 하나 받았다. 그는 그 인터뷰 덕분에 힘을 얻고 많은 준비를 할 수 있었다. 인터뷰를 하게 해 준 병원에서 불합격하긴 했지만, 곧이어 더 좋은 곳에서 갑작스러운 제의를 받고 합격하게 되었다. 두 분 모두 준비 과정 가운데서 내가 진정 원하는 일이 무엇인지, 간절히 가고 싶은 곳이 어디인지 알게 되었다.

구체적인 기도가 항상 응답되는 것은 아니지만, 그 기도가 응답되는 과정 가운데 하나님의 세밀한 손길을 느낄 수 있다.

뜻밖의 제안

: 모닝 북클럽

북클럽을 하고 싶습니다

전 세계에서 미국 수련 과정에 지원하고자 하는 의사들의 이메일이 왔다. 나에게 와서 배우고 싶다는 이메일들이 내 병원 이메일 박스를 채우기 시작했다. 그중에 라몬 체코는 도미니카 공화국에서 의사를 하다가 미국에 온 친구다. 자기 아내는 이미 미국 병원에서 수련을 시작했는데 본인은 첫 도전에 실패하고 다시 도전하는 과정에서 내 연구실에 오게 되었다.

미국 병원에서 전공의로 수련하기 위해서는 '매치' 과정을 거쳐야 한다. 먼저 서류 전형에서 인터뷰를 받아야 하고, 인터뷰 시즌이 끝나면 자기가 가고 싶은 병원 순위를 매겨서 매치 프로그램에 올려야 한다. 마찬가지로 병원들도 자기들이 인터뷰한 사람들을 순위를 매긴다. 그래서 단한 조합의 매치가 최종적으로 발표되는 시스템이다. 실제로 결과가 나올 때는 먼저 지원자가 그해 매치에 성공했는지 안 했는지를 발표하고 며칠 후에 구체적으로 어느 병원에 매치되었는지를 알려 준다.

그런데 이 친구가 두 번째 매치에서 또 매치가 안 되었다는 소식을 들었다. 그가 내게 문자를 보냈다.

"채 교수님, 저는 패닉 상태에 빠졌습니다. 어떻게 하면 좋을지 모르겠습니다."

제자들에게 이런 문자를 받아 본 적이 없어서 나 역시 당황하긴 했다. 일단 푹 쉬라고 독서를 하면서 쉬면 좋겠다고 했다. 그는 어떤 책을 추천하겠는지 물어보았고, 나는 릭 워렌 목사님의《목적이 이끄는 삶》을 추천했다. 의대생 시절 내 삶의 큰 그림을 그리는 데 적잖은 영향을 준 책이어서 문득 그 책이 생각났다.

그런데 며칠 후에 그 친구에게서 다시 연락이 왔는데, 그가 부모님 댁에 갔을 때 우연히 어머니 방의 책장에서 내가 추천한 책의 스페인어 번역본을 발견하여 벌써 다 읽었다고 했다. 그러면서 나에게 뜻밖의 제안을 했다.

"교수님과 이 책으로 북클럽을 하고 싶습니다."

참 당돌한 친구라는 생각이 들었다. '아침 일찍 와서 환자 볼 준비를 하고 일정이 늦게 끝나는 바쁜 의대 병원 생활 가운데 언제 이 친구를 데리고 북클럽을 하지?' 하는 생각이 들었다. 그러나 먼저 기도를 해 보았다. 이 책은 40개 챕터로 되어 있는데 일주일에 한 챕터씩 금요일 진료실 시작 전에 한 시간 정도 시간을 낼 수 있을 것 같았다. 나 역시 한국에 있을 때부터 이 책을 통해 받은 은혜가 참 크고 빚진 마음이 있었기에 결국 매주 금요일 아침 6시 40분 진료실 환자 컨설트 방에서 북클럽을 시작했다. 자원하는 학생들에게 내가 해 줄 수 있는 섬김이었다.

북클럽, 인생 미션의 발판이 되다

북클럽을 시작할 당시 나는 이 북클럽을 통해 많은 제자들이 하나님을 처음 만나거나, 하나님께 다시 돌아오는 일들이 일어나게 될 줄 몰랐을 뿐만 아니라 기대조차 하지 못했다. 나는 필라델피아와 휴스턴에서 동기 전공의, 전임들끼리 기도 모임을 시작하게 하신 분이나, 시카고에서 10분 기도 모임과 북클럽을 시작하게 하신 분도 하나님이시라고 믿는다.

이런 생각과 함께 나누고 싶은 성경 말씀이 있다. 빌립보서 2장 13절 말씀, "너희 안에서 행하시는 이는 하나님이시니 자기의 기쁘신 뜻을 위하여 너희로 소원을 두고 행하게 하시나니"이다.

기도 모임, 북클럽 등 내 안에 없던 소원들을 내 안에 불어 넣어 주시고, 행하게 하시는 이가 하나님이심을 고백한다. 이런 경험들을 통해 나는 내가 해야 할 역할은 하나님의 소원을 알려 주실 때 그에게 순종하는 것임을 믿게 되었다.

그리고 놀랍게도 최근에 이 라몬 체코라는 친구의 반가운 소식을 듣게 되었다. 나는 현재 지마(GMMA, Global Medical Missions Alliance)라는 의료 선교 단체에서 노스웨스턴대학 지부의 멘토로 섬기고 있다. 멘토들끼리의 모임을 하면서, 지금까지 나의 제자들 사역을 소개할 일이 있었는데, 놀랍게도 플로리다에 있던 흉부외과 교수이신 멘토 한 분이 내 간증 중 라몬 체코의 사진을 보고 그를 알아보시고는 그가 지금 자기 병원 인턴으로 일하고 있다고 했다. 그래서 이 친구와 다시 연락이 되었다. 자기 딸과 찍은 사진을 보내면서 지마 멘토 선생님이 초대해 주셔서 그곳의 성경 공부 모임에 나가게 되었다고 했다. 그 소식을 듣고 참 놀랍고 기뻤다. 하나님이 직접 일하심을 목도하는 것은 언제나 신나는 일이다.

북클럽은 아제르바이잔, 사우디아라비아, 파키스탄, 인

도, 브라질, 등등 세계 여러 나라에서 온 제자들과 함께 삶을 나누는 장이 되었다. 특히 그들의 신앙적 배경은 무교, 이슬람, 힌두교, 가톨릭, 개신교 등 다양했는데, 책의 각 챕터를 통해 느낀 점들을 나누는 시간을 통해 불확실이 증폭되어 있는 현재 그들의 인생 가운데서 그들의 고민을 들어주고 함께 기도해 줄 수 있었다. 돌이켜보면 참으로 소중한 시간들이었다.

북클럽은 '남을 성공시켜 주기'라는 내 인생의 미션이 실현되는 중요한 발판이 되었다. 한국에서 내 연구실로 연수 오셨던 선생님들도, 의대에서 실험실에서 연구하시던 박사님 한 분도 연결되어서 북클럽에 참여하시게 되었다. 지금도 북클럽은 계속되고 있는데, 내 진료실과 연구실을 다녀간 분들도 언제든지 그리고 기도 제목이 있을 때마다 부담 없이 들어올 수 있는 공간으로 활용하고 있다. 학부생, 의사, 연구원, 다른 교수님들까지 북클럽을 통해 삶을 나누고 함께 기도하며 서로의 삶에서 하나님이 일하시는 것을 목도하는 특권이 주어졌음에 나는 늘 하나님께 감사한다.

아름다운 꽃과 같은 고백을 듣다

내 진료실에 연구실에 오시는 다양한 선생님들의 삶을 보면서 내가 참 많이 배운다. 저마다 인생의 무게를 감당하는 것을 보며 우리 삶이 때론 참 버겁다는 생각이 든다. 그러나 그들이 시카고에서의 시간을 통해 하나님과 가까워져서 시카고를 떠날 때는 세상이 이해할 수 없는 평강을 가지고 떠나는 것을 심심찮게 보게 된다.

내가 제자들에게 자주 하는 질문 중 하나는 "인생의 다양한 시기 중 가장 힘들었던 시기가 언제였는가"다. 한 선생님은 "지금이요"라고 답했는데, 그는 미국 의사 수련을 준비하면서 자신이 지원한 병원들에서 인터뷰가 하나도 오지 않았던 시절을 가뭄과도 같았다고 표현했다. 그러나 그는 하나님과 가까워진 후 "이제는 말씀에 마춰되어서 더이상 불안하지 않다"고 고백했다. 이분은 결국 단 하나의 인터뷰를 받고 낮은 점수에도 불구하고 미국 의대 출신들만 가는 대학병원에 매치가 되었다.

이외에도 미국에 대한 환상, 성공에 대한 꿈을 품고 온 많은 선생님들이 시카고에 와서 하나님과 함께하는 삶을 경험하고 난 후 미국에 오게 되든 말든 상관없이 하나님 안에서 기뻐할 수 있고, 평온할 수 있음을 깨달았다고 고백하는 것을 보았다. 이는 진실로. 복음의 씨앗이 뿌려진 그곳, 심긴 곳에서 피어난 아름다운 꽃과 같은 고백들이었다.

한 선생님은 다른 선생님들이 하나님을 만나고 변화된 삶을 보고 궁금한 마음으로 하나님께 마음을 열었다. 무엇이든 질문해도 괜찮다는 말에 하나님께 열린 마음을 안고 다가갔다. 연구실에 오기 전까지는 하나님을 몰랐으나 연구실에서 하나님을 믿는 다른 선생님들이 서로를 돌보고 챙기는 모습 속에서 그들과 함께하시는 하나님께 감동받는 일들이 생겨났다. 하나님을 먼저 알게 된 사람들이 이제 막 하나님을 알게 된 이들 혹은 아직 하나님을 모르는 이들의 구원을 위해 기도하고 삶을 나누고 섬기는 일이 일어났다. 노력한 결과와 상관없이 서로 격려하고 위로하고 같이 가슴 아파하고 같이 기뻐하는 일들이 연구실 동문들

사이에서 생겨났다.

그러면서 나는 비가 와도 해가 떠도 결국 꽃을 피우시는 분은 하나님이심을 또 한 번 깨달았다. 우리 한 명 한 명을 꽃으로 불러 주시고 꽃으로 피워 주신 하나님께 감사했다.

이에 영감을 받아 "꽃"이라는 시를 썼다. "예뻐서 꽃이 아니다/눈부셔서 꽃이 아니다//향기로워서 꽃이 아니다/벌이 찾아와서 꽃이 아니다//계절을 알아서 꽃이 아니다/피워서 꽃이 아니다//너는 씨앗일 때부터 꽃이다/아득한 태초부터 꽃이다//나에게 하나뿐인 꽃이다/내가 사랑해서 꽃이다."

하나님의 큐사인을 받아라

지마에서 멕시코로 의료 선교 여행을 갔을 때 같이 갔던 대학생들에게 내가 들려 주었던 이야기가 있다. 많은 학생들이 다른 학생들을 부러워하고 또 겉으로 보기에 멋있어 보이는 삶을 동경하는 것 같았다. 또 하나님이 기뻐하시는 일을 해 보겠다고 노력하는데 열매가 맺히기는커녕 내가 웬 오지랖인가 싶어 마음 상하는 경우도 보았다. 그래서 우리가 만나는 사람들의 인생에서 우리 역할을 정확히 이해할 필요가 있다고 생각했다. 그때 떠오른 단어가 '우정 출연'이었고, 우리 역할은 '카메오'라는 생각이 들었다.

종종 거물급 배우들이 감독의 요청에 따라 어떤 작품에 '카메오'로 우정 출연을 한다. 비록 단역이지만 그들이 자존심 상할 일은 없다. 그들이 출연을 결정한 이유는 역할의 비중보다도 감독과의 친분 때문이다. 설령 함께 일하는 다른 스태프들이 그들을 몰라보고 단역 배우라고 무시한다 해도 그들은 상관치 않을 것이다. 그들이 출연하는 각자의 또 다른 영화들에서 그들 모두가 당당한 주인공들이기 때문이다.

우리는 모두 우리네 인생이라는 영화의 주인공 주연배우로 살아간다. 그러다가 가끔 감독의 요청으로 다른 영화에 우정 출연을 하기도 한다. 그 이유는 오직 모두의 인생의 감독을 맡고 계신 하나님과 친하기 때문이다.

우리는 감독의 큐 사인에 따라 다른 사람의 인생이라는 영화에 들어가기도 하고 그분의 지시에 따라 퇴장하기도 한다. 우리가 주인공이 아니기에 자기 역할에 불평하거나 조급해하지 않는다. 우리가 감독이 아니기에 영화의 전체적 플롯에도 간섭하지 않는다. 내 역할의 크고 작음에, 결말에 미치는 영향에 구애받지 않는다. 오직 감독을 믿고 맡은 단역을 수행할 뿐이다. 그래서 부러움도, 서운함도, 섭섭함도, 그리고 후회도 없다.

매일매일 나는 다른 많은 영화들에 우정 출연을 한다.
오직 하나님을 사랑하기 때문이다. 나의 하루는 하나님께
내가 그날 만날 영화들에서 나의 역할과 대본을 받는 것에
서 시작한다. 감독 하나님이 만들어 가시는 아름다운 영화
한 편 한 편들 속에서 카메오로 우정 출연하며 그 영화들
을 더욱더 근사하게 만드는 나의 삶을 꿈꾸어 본다.

축하: 격려하고 세워 주는 센스

이전에 예수님을 몰랐거나 사이가 멀었던 제자들이 연구실에서 지내며 예수님을 주님으로 받아들이는 일이 종종 일어난다. 언제부턴가 자연스레 그들의 '영적 생일'(spiritual birthday)을 축하하는 파티를 열게 되었다. 그리고 처음으로 예수님을 타인에게 전하고 싶어졌다는 제자들도 생겨났는데, 그들을 위해 예수님의 '제자'로서의 삶을 축하하는 '제자 증서 수여식'을 열기도 한다. 그들의 헌신을 축하하고, 기념하기 위해서다.

연구실 생활을 마무리하고 연구 과정을 졸업하는 날도 함께 축하한다. 같이 지낸 연구실 동문들과 함께 졸업하는 제자를 축하하는 영상을 만들어 추억을 선물하고 기쁨을 함께한다. 부부가 자신들의 결혼식 동영상을 보면서 추억에 잠기듯이 하나님과의 아름다운 추억을 언제든 꺼내 볼 수 있도록 그 시간을 함께해 온 동료들과 기념 영상을 찍는다. 이 과정을 통해 '축하'와 '추억 만들기' 또한 하나님이 기뻐하시는 사역이라는 생각이 들었다.

누가복음 15장에서 예수님은 "그 벗과 이웃을 불러 모으고 말하되 나와 함께 즐기자"(눅 15:6)라고 하실 정도로 파티를 좋아하셨다. 요한복음 21장에서는 예수님이 부활하신 후에 디베랴 호숫가에 있던 제자들에게 나타나셔서 아침 일찍 숯불에 구운 떡과 생선을 먹이셨다. 사도 바울은 "즐거워하는 자들과 함께 즐거워하고 우는 자들과 함께 울라"(롬 12:15)고 명령하기도 했다.

나는 파티 플래너로서의 예수님의 모습을 그려 본다. 성경에서 예수님이 처음 행하신 기적이 가나 혼인 파티였다는 것도 이와 관련하여 의미

하는 바가 크다. 결혼 축하 파티의 흥이 떨어지지 않게 하려고 베푸신 기적이 아니었을까? 어느새 나는 파티 플래너이신 예수님을 더욱 닮아 가려고 노력하고 있다. 파티를 준비하고, 파티에서 서빙하는 사역을 예수님이 얼마나 좋아하실까 상상하면서 말이다.

하나님은 훗날 우리가 하나님께 받을 상이 분명히 존재하고, 그 상을 사모하라고 말씀하신다.

"믿음이 없이는 하나님을 기쁘시게 하지 못하나니 하나님께 나아가는 자는 반드시 그가 계신 것과 또한 그가 자기를 찾는 자들에게 상 주시는 이심을 믿어야 할지니라"(히 11:6).

우리는 그 대상이 누구든 누군가의 인정을 필요로 하는 존재다. 그래서인지 성경에는 서로 격려하고, 세워 주라는 말씀이 많다. 한번은 일리노이주 과학고등학교 학생 한 명이 진료실을 참관하고 간 적이 있다. 한 달 동안 수줍게 내 어깨너머로 조용히 참관하던 학생이었다. 그 학생과 부모님이 나에게 유리 트로피를 보내왔다. 트로피에는 친절함과 리더십의 본을 보여 준 데 대한 감사의 상(Gratitude Award)이라고 적혀 있었다. 고등학생에게 상을 받기는 처음이었다. 그러나 그의 감사가 내 마음에 큰 힘과 위로가 되었다.

그래서 그때부터 나도 배운 대로 하기로 했다. 연구실에서 아름다운 섬김을 보여 준 선생님들에게 매년 감사와 섬김의 상을 유리 트로피로 제작하여 드리고 있다. 상을 받고 예상보다 더 기뻐해 주시는 선생님들을 보면서, 나는 하나님께 직접 상을 받는 기쁨을 상상해 본다. 트로피가 아니라도 하나님의 한마디면 충분할지 모른다. <슬기로운 의사생활>이라는 드라마에서 산부인과 교수로 나온 김대명 배우가 레지던트에게 했던 대사가 떠오른다.

"너 오늘 너무 잘했어!"

그 한마디면 족하지 않을까.

연구실은
릴레이 간증 중

릴레이 간증이 사역이 되다

10분 기도가 몇 년간 우리 연구실의 일상이 되어 갈 즈음, 문득 이 기도가 어떻게 시작되었는지 연구실에 계신 선생님들에게 알려 드리고 싶어졌다. 그래서 10분 기도를 처음 제안해 주신 선생님을 모시고 직접 이야기를 듣는 시간을 가지면 좋겠다는 생각이 들었다. 물론, 각자 한국과 미국이라는 다른 공간에 있기에 자연스럽게 화상 회의로 그 선생님의 간증 시간을 마련하게 되었다. 생각보다 많은 선생님이 들어왔고, 그 당시 연구실에 있었던 분들과 많은 동문을 화상 회의 한 공간에서 볼 수 있어서 좋았다.

그래서 우리 연구실의 다른 동문들과 내가 알고 있는 다른 의사 선생님들의 귀한 삶의 이야기들을 계속 함께 나누면 어떨까 하는 생각을 했다. 이것이 지금도 거의 매주 이어지고 있는 간증 릴레이 사역이 시작된 이야기다.

간증 시간은 그 시간을 위한 기도로 시작하며 긴급하거나 중요한 기도 제목을 놓고 기도하는 시간과 간증한 사람의 나눔 시간, 그리고 질의응답 시간으로 총 1시간 20분 동안 진행되는데, 매주 이 시간이 기다려질 정도로 감동이 크다.

특별히 비슷한 고민이 있거나 유사한 종류의 고난을 통과한 선생님들끼리의 질의응답 시간에 이루어지는 교감은 참 특별했다. 의료 선교 단체 지마의 멘토들의 간증을 듣고 인생의 목적을 발견했다는 선생님들이 나타났다. 한 선생님은 간증을 준비하면서 욥기를 다시 묵상하는 가운데 사랑하는 가족의 갑작스러운 죽음으로 인한 혼란스러운 감정과 하나님에 대한 서운한 마음들을 정리할 수 있었다고 고백했다.

간증 시간을 통해 알게 된 새로운 멘토들과의 제자들 사이에 연결고리가 생겼고, 후속 모임들이 생겨났다. 나의 의대 동기이면서 뉴욕에 있는 의대 교수인 친구는 '실패이력서'를 써서 수많은 실패에도 불구하고 하나님이 자신의 삶을 어떻게 이끌어오셨는지 감동적으로 증거했다. 간증을 준비하는 사람, 듣고 질문하는 사람, 답을 듣는 모든 사람이 이 시간을 통해 분명히 각자의 지점에서 한 뼘 더 성장하고 있음이 선명히 느껴졌다.

나는 개인적으로 어른이 된 후 우리 주변의 한 사람의 인생에 대해 이렇게 자세히 들을 기회가 얼마나 있는지 생각해 보았다. 간증자의 입장에서는 자신의 인생 이야기를 이렇게 집중해서 누군가에게 들려줄 수 있는 곳이 어디에 있는지도 되물어 보게 되었다. 그동안 알게 모르게 동료들을 챙기고 격려해 준 선생님들의 질의응답 시간은 의도치 않게 많은 분의 칭찬 세례로 채워지기도 했다. 참 흐뭇한 광경에 서로 가슴이 따뜻해지는 시간이 많았다.

은혜의 열매가 주렁주렁 열리다

나중에 알게 된 사실이지만, 한 선생님은 몇 명 하다가 끝나겠지 하고 생각했다고 한다. 하나님 안에서 자기 삶을 나누어 줄, 모델이 될 만한 사람이 그리 많지 않으리라 예상했기 때문이다. 하지만 그 예상은 보기 좋게 빗나갔다. 나도 놀랄 정도로 많은 연구실 동문들과 많은 신앙의 멘토들이 흔쾌히 간증 요청에 응해 주었다. 그중에는 내가 모르지만, 알음알음으로 연락하게 된 멘토 의사 선생님들도 많이 있었다. 마치 고구마 캐듯, 고구마 줄기에 고구마가 주렁주렁 달려서 계속 나오는 것 같은 일들이 일어났다. 멘토들이 또 다른 멘토들을 간증자로 소개해 주고, 그들이 직접 연구실 동문들의 멘토가 되어 주었다. 돌이켜보면 정말 내가 계획한 것은 지극히 일부분에 지나지 않았다. 그래서 요즘도 하나님이 어떤 분들을 보내 주실까 하는 기대감과 설레임으로 릴레이 간증 시간을 기다리고 준비하고 있다.

잠들지 않는
온라인

깜짝 선물처럼 시작된 성경 공부
—

릴레이 간증 때 섬겨 주셨던 김태훈 선교사님이 갑자기 연락을 주셨다. 《깨어진 그릇》의 저자인 선교사님은 내 의대 선배이시기도 했다. 그는 한국에서 간 이식 전문 외과 의사였지만, 선교사로 파송 받으며 에티오피아로 옮겨 가 그곳 보건복지부에서 후학을 양성하는 일을 하셨다.

개인적으로 아는 사이는 아니었지만, 당시 로스앤젤레스에서 안식년을 보내고 있던 선교사님에게 연락을 드리자 간증으로 섬겨 주셨다. 나는 다니엘 기도회 유튜브 영상을 통해 선교사님의 간증을 보고 큰 감동을 받았던 터라 그분을 온라인으로나마 실제로 만나게 되어 무척 설레어 하던 기억이 난다.

그런데 선교사님이 이렇게 화상으로 우리 연구실 사람들을 알게 되었는데 가능하다면 매주 연구실 사람들과 동문들과 함께 성경 공부를 인도해 주겠다는 제안을 먼저 해 주셨다. 참 감사했다. 때마침 북클럽보다 직접 말씀을 읽고 이에 대해 깊이 묵상하고 알아 가고 싶은 마음이 있었는데, 적절한 타이밍에 좋은 제안을 해 주셔서 신기했다.

그래서 〈요한복음 함께 걷기〉라는 이름으로 매주 수요일 화상 미팅으로 요한복음을 함께 읽고 공부하게 되었다. 우리 연구실의 제자들뿐 아니라 지금까지 간증을 섬겨 주었던 다른 멘토들을 포함해 참 많은 분이 함께해서 더 풍성한 시간이 되었다. 이 성경 공부는 감사하게도 계속 다른 성경책들을 주제로 지금도 계속 진행되고 있다.

김태훈 선교사님이 성경 공부에 참여하고 계신 시카고 선생님들을 만나고 싶다고 캄보디아의 이충국 선교사님과 함께 로스앤젤레스에서 시카고로 5박 6일 일정으로 시간을 내어 찾아와 주셨다. 시카고가 마치 선교지가 된 기분이었다. 두 분 선교사님은 연구실에 계신 선생님들 한분 한분을 만나 그분들의 이야기를 경청해 주시고 많은 질문에 친절히 정성껏 답해 주셨다. 연구실 선생님들은 두 분과 가까이 지내면서 두 분의 이야기를 통해 그들의 선교지에서의 삶을 상상해 볼 수 있었고, 자연스레 하나님과 한

층 더 가까워지고 계심을 나는 느낄 수 있었다.

《하나님의 손》의 저자 박관태 선교사님 역시 안식년 동안에 우리 시카고 연구실을 방문해 주셨다. 고려대학교 병원 췌장 이식 전문 외과의사의 삶을 내려놓고, 몽골에서 선교 병원을 섬기면서 오지 진료와 제자 양육을 했던 귀한 이야기를 연구실 선생님들과 나누어 주고 상담도 해 주시니 무척 감사했다.

장기로 헌신한 선교사님들을 직접 만나서 오랫동안 함께 시간을 보내기는 나 역시 처음이었는데 이 모든 것은 내가 계획한 것이 아니었다. 친히 선교사님들을 시카고로 보내 주시고, 선교사님들을 통해 나와 제자들에게 말씀을 깨닫게 해 주시는 하나님의 은혜가 참 놀라웠다.

세대와 지역을 초월한 올라인 사역

코로나 사태가 본격화되기 이전에 아침 시간 제한된 교통편 때문에 북클럽을 처음으로 화상으로 진행한 적이 있다. 그 후로 거의 모든 북클럽은 오프라인(off-line)과 온라인(on-line) 동시에 진행되는 올라인(all-line) 사역이 되었다.

그 후에 생긴 릴레이 간증 사역도, 성경 공부 사역도 마찬가지로 올라인 사역으로 진행되었는데, 그 사이에 코로나 위기 상황이 발생했다. 온라인으로 참여가 가능했기에 마치 코로나 사태를 예견하고 준비한 것처럼 이 모든 사역은 중단되지 않고 순조롭게 지속될 수 있었다.

지금도 이어지고 있는 다양한 종류의 올라인 모임에는 전 세계 여러 도시에서 많은 사람이 모이고 있다. 서울, 태국, 모로코, 뉴욕, 시카고, LA, 내슈빌, 아이오와시티 등에서 들어오신다. 비공개 유튜브를 통해 실시간 참석이 어려운 분들도 함께하실 수 있도록 운영하고 있다.

놀랍게도 올라인 모임이 시작되면서 시카고에 있는 연구실에 오지 않으시더라도 연구 미팅과 릴레이 간증 및 북클럽을 화상 미팅으로 참석하는 선생님들이 생겼다. 코로나 상황에서 역설적이게도 전 세계의 더 많은 이들과 함께 연구, 간증, 북클럽을 함께 나눌 수 있게 된 것이다. 다른 병원 진료실이나 연구실에서는 가르치고 배우는 기회의 문들이 닫히는 일이 많았는데 우리 연구실에는 참여하는 선생님들이 늘어갔고, 온라인의 참여도 더 활발해졌다. 나뿐만 아니라 대학병원에 있는 많은 멘토들이 진료실과 캠퍼스 사역에 동참해 주었다. 멘토 역할을 자원해 주시는 의사 선생님들의 섬김으로, 전 세계에서 접속하는 학생들과 선생님들의 참여로 세대와 지역을 초월한 올라인 사역이 부흥할 수 있었다.

학회도
다르게

수련회 같은 삶
-

내가 대학생 시절 교회 대학부 수련회에 참석하면서 한 기도가 있다.

'하나님, 제 매일의 삶이 수련회 같게 해 주세요.'

그런데 요즘 퇴근길에 기도가 생각나면서, '아, 이 기도가 응답되었구나' 하고 혼잣말을 중얼거렸다. 수련회에서는 하나님에 집중하는 시간, 서로 삶을 나누고 도전받는 시간, 서로를 위해 기도해 주는 시간이 많다. 그런데 수련회를 마치고 일상생활로 돌아오면 정작 매일매일의 삶에서 크게 바뀐 것이 없어서 늘 실망스러운 마음으로 살아갔던 기억이 있다.

그런데 지금 교수로 살면서 병원에서 매일 환자들과 제

자들을 위한 기도로 아침을 시작하고 제자들과 북클럽과 삶의 나눔을 통해 매일매일이 수련회와 같은 삶을 살고 있음을 문득 깨달은 것이다. 나처럼 변화되기 어려운 완악한 사람을 천천히 그러나 포기치 않고 신실하게 변화시켜 주시고 기도에 응답해 주신 은혜에 감사할 따름이다.

대학병원에 근무하면서 연구의 최신 지견들을 배우고, 내가 한 연구들을 발표하는 학문적인 모임인 암 학회는 내가 항상 기다리는 시간 중 하나다. 예전에는 왜 이리 암기할 약 이름이 많을까 생각했지만, 지금은 학회 때마다 획기적인 연구 결과, 신약의 임상 시험 결과를 보고 환호하는 위치에 와 있다. 오히려 환자를 치료하고, 암 연구자의 삶을 살다 보니 지금의 신약 개발 속도가 느리게 느껴질 정도다. 또한 이러한 학회, 또는 워크숍에서 전 세계의 연구자들을 만나는데 그때 궁금한 것들을 토의하고 새로운 아이디어를 얻을 때의 기쁨은 이루 말할 수 없다.

신기한 것은 이러한 학문적 모임에 영적 나눔의 시간이 허락되었다는 것이다. 나는 콜로라도에서 열렸던 각종 암 연구 워크숍에서 매번 여러 신앙의 동역자들을 만나고 함께 아침 묵상과 기도의 시간을 함께할 수 있음에 참 행복했다. 연구자로 학회에 참여했지만, 숙소에서 남자 둘이서 아침에 잠에서 깨자마자 성경을 함께 읽고 느낀 것을 나누면서 눈물을 훔치는 일들이 있었다. 학회 때 만나면 연구 얘기뿐 아니라 그동안의 신앙의 여정을 서로 업데이트 해 주고 중보 기도해 주는 시간을 가지게 되었는데, 우리는 이를 '학회 부흥회'라고 부르고 있다. 이 인연으로 동역자 선생님들이 현재 우리 연구실의 많은 사역에 멘토로 섬겨 주시고 있다.

학회에서 영적 회복을 경험하다

제자들과 함께 학회 수련회를 처음으로 가진 것은 워싱턴 D.C.에서 열렸던 암 면역 치료 연례 학회였다. 기억에 남는 것으로는 제자들과 각자의 인생을 곡선으로 표현해 보는 시간을 통해 서로의 삶을 이해하고 함께 기도해 주었던 추억이 있다.

그 후 기회가 될 때마다 학회 기간에 동역자들과의 부흥회, 제자들과의 수련회를 하고 있다. 코로나 상황으로 학회 자체가 모두 온라인으로 바뀌었을 때는 부흥회와 수련회 역시 온라인으로 진행했다. 코로나로 인한 정서적 단절로 어려운 시기였기에 이 시간이 주었던 은혜는 특별히 더 크게 느껴졌다. 요코하마, 바르셀로나 등 세계 폐암 학회에서 주셨던 영적 회복의 은혜 역시 컸다.

공중보건의사 군 복무 중 바르셀로나까지 와서 내 지도 하에 수행한 폐암 치료 표지자 연구를 발표했던 선생님 한 분이 있다. 그와 학회장에서 헤어진 후 전화로 기도해 주던 중 '하나님이 이분을 너무 사랑하시고 있구나'라는 생각을 지울 수 없어서 계속 눈물을 흘리면서 축복의 기도를 해 주었던 일이 있었다. 이렇게 학회를 통해서도 하나님이 일하시는 것을 보고, 그분의 사랑을 경험하는 것은 나에게 있어서 참 특별하다.

성품: 좋은 스승은 삶에서

학생들을 가르치다 보면, 그들이 무슨 생각을 하는지 빤히 보일 때가 있다. 요령을 피우려는 학생도 있고, 열의 없이 빨리 끝내는 것만이 목표인 학생도 있다. 그럴 때면 속으로 화가 나기도 하고 괘씸하다는 생각이 들기도 한다. 한국에서 오신 선생님들의 경우, 영어가 잘 안되는 모습을 보면 속으로 '그 영어 실력으로는 환자와 소통하기가 무척 어려울 텐데' 하며 걱정이 앞서기도 한다. 논문을 매끄럽게 쓰지 못하는 제자들을 보면서는 "개구리 올챙이 적 생각 못 한다"는 말이 있듯이 내 학창 시절은 생각 못 하고 쉽게 비교하고 판단하기가 일쑤였다. 그러니 좋은 스승이 되기에는 내 인격에 너무도 많은 한계가 있음을 인정할 수밖에 없다.

몇 년 전, 내 연구실에 다녀가신 선생님 두 분이 나중에 나에게 내 안에 사랑이 없어 보이고 무서워 보이기까지 했다고 고백하셨다. 처음에는 참 충격적이었는데, 곰곰이 생각해 보니 그 당시 나는 제자들을 생각하는 마음보다는 연구 열정이 더 앞서 있었음을 알게 되었다. 능력과 성과 지상주의에 사로잡혀 있었던 것이다. 물론, 하나님 보시기에 좋은 연구자이자 좋은 스승이 되고 싶다는 열정은 있었지만, 정작 실제 삶에서 따뜻한 공감과 배려는 많이 부족했다.

그런데 이런 나를 하나님이 변화시켜 주셨다. 매 순간 나의 한계, 내 인격의 바닥을 보게 하심으로써 하나님 앞에서 내 잘못을 인정하고, 그분의 인도하심을 구하게 하셨다. 그렇게 몇 년이 지났을 즈음, 나에게 따끔한 말을 해 주었던 선생님을 연구실에서 다시 만나게 되었다. 외부 실습 (away elective)차 오신 것이다. 그는 놀랍게도 내가 이전과 달리 점점 더 예수님을 닮아 가고 있는 것 같다고 말해 주었다.

내가 예수님의 인격을 닮아 가도록 이끌어 주시는 하나님이 계셔서 정말 다행이다. 이렇게 나는 내가 어떤 사람인지 주변 사람들로부터, 때로는 제자들로부터 피드백을 듣는 과정을 통해, 예수님의 인도하심 속에 변화되어야 함을 깨달았다.

나는 그동안 나를 통해 제자들을 빚어 가시는 하나님만을 보았는데, 지금 돌아보니 이 연구실 사역을 통해 사랑 없는 나를 사람으로 빚어 가신 하나님이 보이기 시작했다. 내가 좋아하는 말 중에 "인격이 열매"라는 말이 있다. 나는 오늘도 예수님께 부끄럽지 않은 성품을 열매로 드리기를 소망한다.

환자들을 향한
하나님의
사랑의 언어

나를 울린
환자의 기도

기도를 기다리시다

내가 내과 수련의로 일하던 필라델피아 아인슈타인 병원에서 있었던 일이다. 한번은 말기 신부전으로 고생하는 흑인 환자를 돌보고 있었는데, 감염으로 인해 생긴 혈전이 정맥과 심장 판막, 그리고 뇌에까지 퍼지면서 상태가 너무도 나빠져서 결국은 호스피스 기관으로 가게 된 적이 있었다. 그런데 이상하게도 이송 수속 절차가 여러 가지 보험 등의 이유로 잘 진행되지 않아서 거의 일주일을 내과 병동에서 기다리는 상황이 발생했다. 내과 병동 근무 마지막 날까지 그 환자의 주치의는 나였다. 나는 퇴원이 늦어져서 아픈 할아버지를 매일 보는 것이 내심 괴로웠다. 특히 상태가 위중한 환자를 한 명 더 데리고 있어야 한다는 것도 부담스러웠다.

혈액 투석실에서 환자를 보는데, 마침 간호사와 인턴 선생님이 호출을 받고 나갔다. 투석실 방에 험한 인상의 나이 든 흑인 남성 환자와 나, 이렇게 단둘이 남았는데, 갑자기 환자를 위해 기도하고 싶은 강한 마음이 생겼다. 그래서 누워 있는 환자 옆에 무릎 꿇고 환자 손을 잡았다. 환자의 얼굴이 클로즈업되었다. 내가 입을 열었다.

"아저씨, 제가 아저씨를 위해서 기도해 드려도 될까요?"

아저씨가 나를 물끄러미 쳐다보더니 황당한 듯한 표정을 짓다가 고개를 끄덕였다. 그래서 용기를 내어 기도했다.

"하나님, 우리 환자분이 너무 많이 아프신데, 마지막 날까지 건강을 지켜 주시고 마음의 평강을 주세요. 우리 아저씨에게 믿음을 주세요. 먼 훗날 우리가 천국에서 다시 만날 것을 믿습니다."

이렇게 기도하는데, 갑자기 하나님의 마음이 확 느껴졌다. 나에게 이렇게 말씀하시는 것 같았다.

"영광아, 내가 너를 통해 나의 사랑을 흘려보내길 지금까지 기다렸단다. 그래서 환자가 아직까지 이송되지 않고 너의 회진 리스트에 있는 것이란다."

나는 그 순간 그 하나님의 사랑에 감동한 나머지 기도 중에 목이 메었다. 그래서 한참을 울면서 기도했다. 기도를 마치고 보니 아저씨 역시 두 눈에 눈물이 흐르고 있었다.

내가 무엇이관대, 수줍음 많고 남들 앞에서 창피해지는 것을 제일 싫어하는 나를, 당신의 사랑의 통로로 사용하시나 생각했다. 나는 미국에서 의사가 되기 위해 미국 의사 시험을 보고 여러 가지 준비를 해서 여기까지 왔지만, 주님은 그 환자에게 당신의 사랑을 흘려보내기 위해 생애 마지막 만나는 크리스천일지도 모를 나를 들어서 그때 그곳에서 두시고 사용하지 않으셨을까?

이젠 제 차례네요

시카고 노스웨스턴 암 병동에서도 비슷한 경험을 한 적이 있다. 백인 할머니 환자가 기력이 날로 쇠하여져서 결국 진행하던 항암 치료를 멈추게 되었고, 환자는 병원에 입원하게 되었다. 그동안 오랜 기간 함께 해왔고 정도 들어서 안쓰러운 마음이 컸다. 그래서, 회진 중에 환자에게 물었다.

"저는 교회에 다니는 크리스천입니다. 당신을 위해 기도해 주어도 괜찮을까요?"

할머니는 "물론이죠"라고 대답했다. 나는 할머니의 마음의 평강을 위해서, 고통 없는 시간을 허락해 달라고 기도했다. 내 기도가 끝나기가 무섭게, 누워 있던 할머니가 또

렷한 목소리로 나를 보고 말했다.

"이제 내 차례네요. 제가 기도해 드릴게요."

조금 전까지 쇠약해진 육체에 거의 들리지 않을 듯한 목소리로 이야기하던 할머니의 모습은 온데간데없었다. 너무나 힘 있는 목소리로 말씀하셔서 깜짝 놀랐다. 할머니는 나에게 축복 기도를 해 주셨다.

"닥터 채가 환자들에게 최선을 다하는 최고의 의사로 쓰임 받게 해 주세요."

할머니 입에서 나오는 문장 하나하나가 내 가슴을 촉촉하게 적셨다.

"닥터 채에게 하나님이 힘과 능력을 주셔서 나와 같은 병으로 고생하는 많은 환자들을 잘 돌볼 수 있도록 함께 하여 주세요."

믿을 수 없었다. 기도를 마친 할머니의 얼굴을 보는데 그 얼굴에서 마치 광채가 나는 듯했다. 큰 울림이 있는 기도였다. 임종이 가까운 분을 통해 들은 축복 기도였다. "망하게(죽게) 된 자도 나를 위하여 복을 빌었으며"(욥 29:13)라는 말씀이 생각났다. 기도를 통해 나와 환자 모두에게 당신의 위로와 축복을 전해 주시는 하나님의 섬세하신 일하심에 참 감사했다.

이러한 경험들은 하나님이 우리 기도를 얼마나 기다리

고 계신지 기도를 통해서 얼마나 일하고 싶어 하시는지 생각하게 했다. 내 경험에 비추어 봤을 때 부끄럽게도 "기도해 드릴게요"라고 말한 후 바쁜 일상 속에서 잊어버리고만 일이 얼마나 많은지 셀 수도 없다. 그래서 나는 진료하다가 또는 회진을 돌다가 기도해 주고 싶은 사람을 만나면 되도록 그 자리에서 바로 기도하려고 노력한다. 때로는 환자가 계신 방에 들어가기 전에 노크하면서 기도할 준비를 하기도 한다. 마음에 특별한 감동이 있는 날에는 앞의 경우처럼 환자에게 기도해 드려도 될지 정중하게 물어보기도 한다. 함께 기도하는 그 자리에 역사하시기를 기뻐하시는 하나님을 오늘도 기대하면서 말이다.

기도해 드려도 될까요?

기도를 통해 일하시다

시카고에서 내가 돌보던 한 아시아계 여성 암 환자의 이야기를 나누고 싶다. 질병이나 치료에 대해 늘 예리하고 의미 있는 질문을 던지셨던 분으로 기억한다. 그러면서 늘 다가오는 죽음 앞에 불안을 감추시지 못했다. 특별히 고등학생 딸을 놓고 일찍 세상을 뜰 수 없다는 이야기를 하면서 눈시울을 적시곤 하셨다. 늘 예의 바르고 자신을 돌보는 의료진들에게 깊은 고마움을 표해 주셔서 병동의 모든 의료진이 그녀를 참 좋아했다.

그러나 그녀는 결국 쇠약해지면서 입원하게 되는 경우가 빈번해졌고, 안절부절못하는 모습을 자주 보이셨다. 하루는 회진 중에 꼭 기도해 드리고 싶은 마음이 들어서 여쭤 봤다.

"제가 기도해 드려도 괜찮을까요?"

다행히 허락해 주셔서 나는 기도했다.

"하나님, 이분의 마음을 지켜 주세요. 또 회복을 허락해 주시기를 간절히 기도드립니다."

기도가 끝난 후 그녀는 마음이 한결 좋아진 것 같다며 감사를 표했다.

다음 회진 때 그녀가 놀라운 이야기를 해 주었다. 지난번 내가 기도를 해 주고 병실을 나간 후 그때 옆에 같이 있던 고등학생 딸이 그녀에게 자신도 나처럼 하나님을 믿는 크리스천이 되고 싶다고 이야기했다는 것이다. 그런 후 자기 학교에 자기가 아는 크리스천 친구들 모두에게 전화를 걸어 어머니를 위해 기도를 부탁했다고 했다. 놀라운 이야기였다. 자신이 어린 딸에게 사 준 장난감이 있었는데, 그것을 누르면 나오던 노래가 찬송가 〈예수 사랑하심은〉(Jesus Loves Me)이었다는 것을 알게 되었다는 이야기도 덧붙였다. 그리고 당시 내 진료를 참관하던 연구실 선생님 한 분이 이 환자를 위해 중보 기도하던 중이었는데, 기도 중에 딸을 통해 환자가 하나님을 만날 것이라는 생각이 들었다는 이야기를 나눠 준 것도 떠올랐다.

나는 환자에게 치료가 잘되어서 당신이 건강하게 오래 살기를 바라지만, 지금처럼 몸이 계속 약해진다면 앞으로 살날이 오래 남지 않을지 모른다고 말씀드렸다. 그리고 내가 아는 하나님에 관해 이야기해 드려도 좋을지 여쭤 봤다. 딸 덕분에 마음이 열린 환자는 좋다고 대답해 주셨다. 내가 사랑하는 하나님, 영원한 생명을 선물로 주기를 기뻐하시는 하나님에 대해 말씀드렸다.

죽은 이후 딸과 다시 만나고 싶어 하던 환자는 죽음 이후의 만남을 사모하면서 예수님을 주님으로 받아들이셨다. 하나님의 영혼을 만지심이 참으로 놀라웠다. 다음 회진 때는 마침 딸이 병실에 있어서 딸과 대화하다가 그녀 역시 예수님을 주님으로 고백하게 되었다. 하나님의 구원의 역사는 참으로 놀라웠다. 비록 그 환자는 돌아가셨지만, 그분의 딸과는 가끔 연락하곤 한다. 그녀가 대학을 준비할 때 이것저것 조언도 해 주면서 진심으로 잘되기를 응원하고 있다.

겨자씨만 한 믿음으로 걷는 삶을 보다

마지막으로 한 젊은 남성 암 환자의 이야기를 나누고 싶다. 암이 뇌로 퍼져서 방사선 치료와 경구 항암제를 병용 요법으로 치료하고 있는 분이다. 내가 지역 문화센터에서 '암에 대한 모든 것'이라는 강의를 했을 때 초청하여 따로 식사했을 만큼 나에게는 매우 각별했던 환자다. 이분을 위해 기도하던 분들이 있었고, 이분을 볼 때마다 외롭고 힘겨운 길고 긴 항암 치료의 과정에서 우리의 진정한 친구 되시는 예수님을 그가 만났으면 하는 마음이 많이 들었다.

그래서 진료실에서 진료를 마치고 그분의 마음에 관해 물었다. 그리고 예수님이 말씀하신 겨자씨만 한 믿음에 관해 이야기를 나누었다. 나는 우리에게 필요한 믿음은 대단한 믿음이 아니라고 말했다. 훗날 큰 겨자 나무로 자라는 것이 도무지 믿기지 않을 만큼 작은 겨자씨만 한 믿음, 0.1%의 믿음이면 충분하다는 이야기를 나누었다.

그는 그렇게 작은 믿음만 필요하다면 믿음을 가져 보겠다고 말했다. 99.9%의 믿음은 하나님이 채워 주실 것을 기대한다고 했다. 그렇게 시작한 신앙의 여정을 그는 꿋꿋이 걸어가고 계신다. 내 연구실에 오시는 분들이 이분이 필요할 때마다 도움을 주고, 그가 사는 동네를 직접 찾아가 말동무가 되어 드리고 오기도 한다.

어느덧 힘든 치료 과정을 지나는 환자들에게 하나님의 사랑과 위로를 흘려보내고 위로하고 격려하는 것은 나 혼자만의 사역이 아니라 제자들과 함께하는 사역이 되어 갔다. 이렇게 내가 계획한 바 없어도 우리들의 기도와 간구를 통해 일하시는 하나님을 병원에서 만나는 기쁨을 나는 여전히 사모하며 그리고 언제까지나 사모할 것 같다.

모든 순간이
하나님의 작전

생각을 통해 말씀하시다
—

얼마 전 금요일 병원에서 집에 퇴근한 후에 챙겨 왔어야할 컴퓨터 노트북을 병원 사무실에 두고 왔다는 것을 알게된 적이 있다. 집에서 병원까지 운전해서 30분 이상 걸리는데 다시 운전해서 노트북을 가져오는 것이 유난히 버겁게 느껴졌다. 특히 한 주간 이미 많은 환자를 본 날이라 몸도 많이 지쳐 있었다.

그런데 그때 그 순간 그날 내 환자 중 한 명이 전이된 암을 수술하기 위해 입원해 혼자 병실에 있다는 사실이 생각났다. 코로나바이러스 감염 위험을 최소화하고자 모든 가족과 보호자들을 병실 출입을 금하는 것이 병원 지침이었다. 그 환자가 수술 전후에 가족과 함께 있지 못하는 상황에 많이 마음이 아팠다. 그러나 내 애통은 그의 상황에 대해 슬퍼하는 것까지였다는 것을 느낌과 동시에 그 순간 그 환자를 사랑하시는 하나님이 다가왔다. 마치 나에게 "네가 주말에 그의 가족이 되어 주지 않을래?" 하고 말씀하시는 것 같았다.

그래서 나는 주신 생각에 순종하기로 했다. 원래 내 당직이 아니었지만 다음 날 그를 비롯한 다른 입원 환자들을 위해 회진을 돌았다. 그 환자의 병실에 갔을 때, 내가 다른 말을 하지 않았음에도 그가 나에게 기도를 부탁했다. 그분이 누워 있는 병상 옆에서 손을 잡아 드리고 오랫동안 기도해 드렸다. 그와 이런저런 이야기를 나누고 함께 사진을 찍어서 병실에 함께 있을 수 없었던 가족에게도 보내 드렸다.

회진 후, 그날 나와 함께 회진에 참여한 제자가 나에게 신앙에 관해 질문했다. 대화를 나누다가 그도 예수님을 주님으로 고백하게 되는 감사한 시간을 만나게 되었다. 모든 것이 멈춰 버리고 아무도 일할 수 없을 것 같은 팬데믹의 시기에도 하나님은 우리에게 생각을 통해 말씀하시고, 그에 순종하는 우리를 통해 일하시는 분이라는 것을 새삼 깨달았다. 환자를 다시 만났을 때 나는 그 주말 나와 같이 회진 돌았던 제자가 크리스천이 되었다는 소식을 전했다. 그는 마치 자기 일인 양 진심으로 기뻐해 주었고, 다음 회진에 이제 막 크리스천이 된 제자의 손을 잡고 어린아이와 같이 순수한 마음으로 그를 위한 축하와 축복의 기도를 해 주었다.

상황을 통해 일하시다

내 폐암 환자 중에는 동유럽에서 두 달에 한 번씩 비행기를 타고 시카고까지 와서 나에게 진료를 받으시는 분이 있었다. 그분은 자기 나라에서 유명한 의사 선생님이었다. 놀라운 것은 그가 올 때마다 우리 병원 정형외과 교수님 한 분이 한 번도 빠짐없이 진료실에 함께 들어오셨다는 것이다. 두 사람이 오랜 친구 사이라는 것은 슬쩍 보기만 해도 잘 알 수 있었다. 친구의 모든 것을 세심히 챙겨 주고 심지어 제약회사에까지 전화해서 약을 잘 받을 수 있도록 하는 정형외과 교수님의 정성은 그를 보는 많은 이들을 감동시켰다.

환자는 첫 두 해는 표적 항암제로 나쁘지 않은 경과를 보였지만 마지막에 쓴 항암제가 잘 듣지 않으면서 폐렴이 찾아왔고 안타깝게도 끝내 폐렴 때문에 돌아가셨다. 친구 교수님은 나에게 따로 연락하여 그동안 친구를 잘 돌봐 주어서 정말 고맙다며, 필요한 일이 있으면 꼭 말해 달라고 부탁하셨다. 참 감사했지만 속으로 내가 부탁할 일이 별로 없을 것이라는 생각을 했다.

그런데 거짓말처럼 바로 그분에게 연락을 드리게 되었는데 그 자초지종은 이렇다. 내 제자 중 한 명이 미국에 이민 와서 미국에서의 의사 생활을 막 시작하려 하고 있음을 알게 되었다. 이를 위해 내 진료실에서 진료 참관도 하고 연구도 하려 마침 그 당시에 나를 찾아온 터였다. 그런데 마침 이 친구의 전공이 정형외과였다. 그래서 이 친구와 이야기하는데 바로 내 환자의 친구였던 정형외과 교수님이 생각났던 것이다. 그래서 교수님에게 이 친구를 도와주실 수 있는지 묻게 되었고, 결국 이 친구는 그 교수님 진료실과 수술방을 따라다니며 배울 수 있었다. 나는 이 친구가 어려운 시간을 보내는 동안 하나님께 간구하였음을 어렴풋이 알고 있다. 모든 상황을 통해 일하시는 하나님이 이 친구에게 이 특별한 상황을 통해서 도움이 되어 주셨다고 생각한다.

마치 누가 정교히 계획한 듯 도움이 필요한 누군가를 예상치 못한 방식으로 돕게 되는 상황 속에서 하나님의 일하심을 보는 것이 이제 익숙하다. 익숙한 만큼 또 여전히 하나님의 일하심을 기대한다.

공감: 마음으로 듣고 또 듣고

의과대학 시절 나는 의사의 자질에 관해 의사는 항상 객관적인 위치에서 냉정하게 일해야 한다고 배웠다. 또 환자에게 잘못된 희망을 심어 주어서는 안 된다고 배웠다. 처음부터 안 좋게 될 수 있는 모든 경우의 수에 관해 설명하는 것이 법률적인 책임의 관점에서도 좋다는 것을 배웠다. 감정적인 번아웃(burnout)을 피하려면, 환자와 거리를 두어야 한다는 것도 배웠다.

그런데 '함께 우시는 예수님'을 만난 뒤로 내 생각은 완전히 바뀌었다. 환자와 함께 우는 의사가 되고 싶어졌다. 성경은 "즐거워하는 자들과 함께 즐거워하고 우는 자들과 함께 울라"(롬 12:15)고 가르친다. 모든 질병과 고통 앞에서 우리가 보이는 첫 반응은 애통(lament)이다. 시편의 3분의 1 이상이 애통을 노래하고 있다.

거의 죽은 듯이 병상에 누워만 있던 암 환자가 항암 치료에 극적인 반응을 보여 걸어서 퇴원하는 것을 가리켜 미국 의사들은 종종 '나사로 반응'(Lazarus response)이라 말한다. 이는 예수님이 죽었던 나사로를 말씀으로 살리신 이야기에서 비롯된 표현이다. 성경에서 유일하게 예수님이 울면서 큰소리로 외쳐 기적을 행하셨던 때가 바로 이때다. 예수님은 사랑하는 사람들과 자신을 동일시하시는 분이라는 사실이 나에게 특별한 위로로 다가온다.

시카고 진료실에서 한번은 환자의 상황이 너무도 심하게 나빠져서 완화의료인 호스피스를 권해 드린 적이 있었다. 이동식 침대에 누워 있던 중년의 여성 환자와 그 아들이 모두 눈물을 흘렸다. 침울한 분위기에서 문득 환자를 위해 기도해 드려야겠다는 생각이 강하게 들었다. 그래서 침대 옆에 무릎을 꿇고 환자의 손을 잡았다. 기도해 드려도 될지 묻고는 하나님이 환자를 붙들어 주시고, 평안을 주시기를 기도하는데 갑자기 목이 메었다. 그래도 애써 울음을 감추며 떨리는 목소리로 기도를 마무리했다.

그런데 그때 참관하러 왔던 수련의 선생님이 나보다 더 큰 소리로 흑흑거리며 울기 시작했다. 당황스러운 상황이었다. 나와 수련의 선생님이 울음을 그치고 환자를 바라보는데, 그분의 얼굴에서 빛이 나는 것 같은 미소가 보였다. 그분이 말했다.

"저는 세상에서 가장 행복한 사람입니다. 저를 위해 울어 주시는 의사 선생님이 두 분이 나 계시니까요."

깜짝 놀랐다. 그분 입에서 그런 고백이 나올 줄은 전혀 상상하지 못했다. 그때 깨달았다. 삶의 마지막에도 깊은 공감이 어떻게 행복을 선물할 수 있는지를. 슬픔에 처한 사람에게 그와 함께 우시는 하나님의 마음을 전하는 것이 얼마나 중요한지를.

〈하버드 비즈니스 리뷰〉(Havard Business Review)의 '공감' 특집판에 실린 연구 중 하나는 어려운 일을 많이 겪은 사람들이 비슷한 일을 겪는 사람들에게 더 크게 공감하리라는 통념은 틀릴 수 있다고 말한다. 그러한 고난을 이미 통과한 사람은 오히려 그들도 자기처럼 고난을 극복할 것으로 기대하곤 하는데, 그 기대가 충족되지 않으면 오히려 실망할 수 있기 때문이다.

결국 공감하기 위해서는 나의 고난 외에도 플러스알파가 필요하다. 나는 그것이 함께 우시는 하나님의 마음이 내 마음에 부어지는 것이라고 믿는다. 공감은 기술(skill)이 아닌 진심이다. 공감은 알아주는 척이 아니라 함께 울 수 있는 마음이다. 나는 환자를 문진할 때 아픈 곳을 살짝 누르면서 "여기가 아프세요?"(Is this tender?) 하고 물어본다. 이때 쓰인 영어 단어 tender는 '만지면 아픈'이라는 뜻 외에도 '부드러운'이라는 뜻이 있다. 즉 함께 아파하는 마음은 곧 부드러운 마음이다.

길을 만드시다
■

내 의학 지식의 한계를 넘어서 새로운 길을 내시며 환자를 치료하시는 하나님을 만날 때가 있다. 가장 기억에 남는 알버트 큐리(Albert Khoury) 환자와의 이야기는 지금도 소중하게 간직하고 있다.

내가 알버트를 처음 만났을 때, 그는 오십 대 초반의 중년 남성으로 폐암으로서는 드문 점액성 선암종(mucinous adenocarcinoma)이라는 암으로 고생하고 있었다. 이미 암이 많이 진행되어 양 폐에 퍼졌고 말기였다. 여러 가지 항암 치료를 했지만 모두 효과가 없었다. 그래서 나 역시 여러 가지 임상 시험을 통한 새로운 항암 치료를 시도했지만, 효과가 좋지 못했다. 호흡 곤란이 심해지셔서 결국 중환자실에 입원하게 되었다.

그때 알버트는 나에게 자신이 폐 이식 수술을 받을 수 있도록 해 달라고 부탁했다. 의학 교과서에 따르면 말기 암 환자에게는 이식 수술이 시행될 수 없다. 알버트는 내가 일하는 병원에서 폐가 심하게 망가져 치유될 가망이 없던 환자들이 양측 폐 이식 수술을 통해 새 삶을 살고 있는 이야기들을 방송으로 보았다고 이야기했다. 자신 역시 새로운 폐를 이식받음으로써 암에서 완치되고 싶다고 말했다. 나는 정중히 말씀드렸다.

"4기 폐암은 이식의 대상이 아닙니다."

그는 지금까지 갔던 모든 병원에서 아무도 그의 부탁을 경청해 주었던 적이 없었다고 했다. 나는 중환자실을 나와 엘리베이터를 타고 내려가면서 생각했다.

'알버트의 경우에는 양측 폐 이외에는 퍼진 곳이 없구나. 흉부에 위치한 임파선에 퍼지지 않는 것이 조직 검사로 확인된다면, 이식을 고려해 볼 수도 있지 않을까?'

하지만 내가 적극적으로 수술을 주장할 용기는 나지 않았다. 워낙 환자의 상황이 위중했고 폐암을 이식으로 치료했다는 이야기는 들어본 적이 없었기 때문이다.

그러나 엘리베이터에서 나와 병원 복도를 걸으면서 놀라운 광경을 보았다. 우리 병원에서 양측 폐 이식 수술을 담당하고 있는 흉부외과 교수인 샘과 앤킷이 나란히 복도에 놓여 있는 의자에 앉아 이야기하고 있는 것이 아닌가. 난 이전에도 그 이후에도 두 사람이 그곳에 앉아 있는 것을 보지 못했다. 그 장면은 마치 하나님의 간섭하심으로 나에게 다가온 것 같았다. 나는 그 둘이 앉아 있는 테이블에 냉큼 앉아서 폐 이식을 원하는 알버트라는 환자가 있는데, 내 이야기를 잘 들어 보라고 다짜고짜 이야기에 끼어들었다. 더 놀라운 것은 샘과 앤킷이 내 이야기를 다 듣더니 이식 수술을 같이 계획해 보자고 내 제안에 흔쾌히 동의했다는 것이었다.

그 둘은 나에게 다음 날 있을 폐 이식 회의에서 환자에 관해 발표해 줄 것을 요청했다. 거의 두 달에 걸쳐 폐 이식 가능 여부를 보는 검사들이 이어졌고, 알버트는 놀랍게도 모든 검사를 통과했다. 내가 새로 쓴 알약 표적 치료제가 효과를 발휘해서 숨쉬기 힘들어하던 증상도 놀랍게 다시 좋아졌다. 그 덕분에 많은 검사가 진행되는 동안 살아 있을 수 있었다. 모든 과정이 정말 놀랍도록 순조롭게 진행되었다.

검사들을 다 마칠 무렵 알버트는 안타깝게도 흉관 삽관이 필요한 기흉과 패혈증으로 다시 중환자실로 입원하게 되었다. 심각한 호흡 곤란에 대해 기도 삽관을 하고 떨어진 혈압 때문에 혈압을 높이는 주사도 맞게 되었다. 곧 돌아가실 수 있는 위급한 상황이었다. 그런데 중환자실에 입원한 지 삼 일째에 믿기지 않는 일이 일어났다. 뇌사자에게서 기증된 폐가 도착했고 중환자실에서 환자는 바로 이식 수술장으로 인공호흡기를 단 채로 이송되었다. 수술은 성공적이었다. 참으로 놀라운 일이었다. 하나님께 감사했다. 나중에 알게 된 사실이지만 중환자실 입원으로 그의 병의 중증도가 올라가 기증된 폐를 다른 사람들보다 먼저 받을 수 있게 되었다고 한다.

수술 후 알버트는 새로운 두 폐를 가지고 아무런 재발이나 이식 거부 반응 등의 합병증 없이 잘 지내고 있다. 말기 암 치료에 익숙한 나는 석 달마다 그의 CT를 통해 암이 사라진 새 폐 음영을 보면서 하나님의 인도하심과 보호하심을 다시 생각해 보게 된다. 혈액에서 절제된 암의 혈중 유전자(circulating tumor DNA)를 찾는 검사에서도 계속 음성으로 좋은 결과를 보여 주고 있다. 참으로 놀라운 일이 아닐 수 없다.

참고로 이러한 수술이 예전에 비슷한 암종에서 보고된 적이 있었으나 여러 가지 이유로 보편화되지 못했다. 대부분의 진행된 폐암에서는 고려될 수 없는 수술이기 때문이기도 하다.

지금 알버트는 자신의 이야기를 방송에서 간증하기도

하면서 덤으로 주어진 새 인생을 누리고 있다. 나와 더 친해져서 나의 제자들에게 화상 미팅으로 본인의 이야기를 간증해 주시기도 했다. 자신은 최선의 치료를 절대 포기하지 않았다고 말했다. 크리스천인 그는 자신이 중환자실에서 죽음 앞에서 의식이 혼미해졌을 때도 마음속으로 예수의 이름을 외쳤다고 말했다. 어둠의 영들이 자기를 데리고 가려고 했을 때 예수님을 끝까지 의지했다고 이야기해 주었다. 자신에게 주어진 선물 같은 남은 시간을 다른 사람들을 더욱 섬기며 그들의 믿음을 독려하는 삶을 살고 싶다고 했다. 알버트와의 만남은 그래서 나에게는 더욱 선물 같다.

하나님의 길은 경청에서부터 시작된다

그가 이식 수술 후 재활 센터에서 재활하고 있었을 때, 그곳 한 재활의학 전문의로부터 받은 이메일 내용이다.

"나는 많은 환자를 이곳에서 치료했지만, 환자가 자기 담당 의사에 관해 이야기하면서 눈물을 흘리면서 고마워하는 것은 처음입니다. 의사를 원망하는 이야기는 다른 환자들에게서 많이 들었지만, 알버트는 닥터 채 이야기를 하면서 계속 울었습니다. 다른 의사들은 모두 자기를 이야기를 들어주지 않았는데 닥터 채만이 자기 이야기를 들어주었고, 자기를 지지해 주었다고 했습니다. 그래서 제가 당신을 모르지만, 이 이야기를 꼭 전해 주고 싶어 이렇게 이메일을 보냅니다."

이 이메일을 보면서 얼마나 가슴이 뭉클했는지 모른다. 하나님이 길을 만드시는 일은 한 사람이 한 사람에게 경청하면서 시작되는구나 하고 생각했다. 그냥 무시하고 지나칠 수 있었는데 알버트의 입장에서 다시 한번 생각해 보며 그의 이야기를 경청했던 그 자리에서 하나님이 나머지 일들을 행하셨다. 언제나처럼 이 모든 일을 계획하시고 행하신 하나님께 참 감사했다.

이식 수술 후 6개월이 되었을 때 병원에서는 알버트를 위해 축하 파티를 열어 주었다. 이 일은 시카고 트리뷴 (Chicago Tribune) 신문의 일면을 장식했으며 ABC, BBC 등 전 세계 여러 방송에 나왔다. 처음으로 미국 공중파 WGN 라디오 방송국에서 생방송으로 나를 인터뷰하기도 했다. 이 모든 일들이 하나님의 격려처럼 느껴졌다. 나의 다른 환자들도 이 일로 진료실에서 나에게 많은 축하를 해 주었다. 그중 한 분은 "닥터 채와 같은 분이 나의 의사인 것이 자랑스럽습니다. 알버트를 치료해 주신 것과 같이 나 역시 같은 마음으로 치료해 주시고 있음을 믿습니다"라고 말해 주기도 했다. 환자들이 나에게 보내는 신뢰와 격려가 내게 큰 위로와 힘이 되었다. 그렇게 나는 이 모든 과정을 통해 섬세하신 하나님의 일하심을 경험하고 있었다.

하나님이 허락하신 이 특별한 경험을 나는 "재활 치료"라는 자작시에 남겨 보았다. 마지막 두 연을 소개한다. "마음이 다시 걷는 소리를 듣는다/상처가 아물어 가는 소리/빛이 들어오는 소리/사람을 다시 믿는 소리/사랑을 다시 맞이하는 소리//하늘의 응원 소리를 듣는다/내가 다 알고 있단다/너 참 잘하고 있어/오늘도 수고했어/네가 자랑스럽다."

환자분이
최우선입니다

격려하기를 기뻐하시다

내가 의대생 또는 수련의 시절 때는 잘 몰랐던 것이 있다. 그것은 환자를 격려하고 위로하는 것의 중요성이다. 진료실에서 하나님의 일하심을 보며 나는 육체의 잘됨과 함께 영혼의 잘됨에도 관심을 가지게 되었다. 환자들이 겪고 있는 병의 고통과 치료 과정의 고충을 누구보다 잘 알고 있는 의사의 말 한 마디 한 마디가 얼마나 중요한지를 교수가 되고 나서야 어렴풋이나마 이해할 수 있게 되었다.

작디작은 공감의 말 하나가 한 사람의 마음을 열 수 있음을 배웠다. 한 외과 선생님이 대장암 환자와의 첫 만남을 "그동안 장루를 가지고 지내시느라 얼마나 고생이 많으셨어요?"라는 인사로 시작했다는 이야기를 들었다. 공감과 위로로 시작되는 진료는 참 감동적이다. 내가 환자들에게 일부러 자주 해 주는 말들이 있다.

"그동안 정말 고생 많으셨네요. 요즘 마음은 어떠세요?"

물어보지 않으면 모른다. "환자분이 제 최우선(my priority)입니다." 내 병원 업무도, 내 연구도, 내 교육 업무도 아닌 내 환자의 잘됨이 내게는 가장 중요하다. 나는 이러한 마음을 자주 표현하려고 노력한다.

"환자분이 치료를 잘 견디고 치료에 좋은 결과가 있기를, 회복하기를 바랍니다. 그것이 제 희망입니다. 그것이 제게 가장 중요합니다."

이 말을 듣고 눈물을 글썽이시는 환자가 적지 않다. 내 격려가 당신의 크리스마스 선물이었다고 고백하셨던 환자도 있었다. 또한 '희망'이라는 단어를 진료 중에 자주 쓰려고 노력한다. 방어 진료가 대세인 오늘 현실 속에서 그래도 나는 당신 편이라고, 당신이 잘되는 것이 내 기쁨이라고, 의사인 내가 당신이 가장 희망하는 것을 같이 희망하고 있다는 메시지를 전한다.

희망이라는 단어에는 그 어떤 법률적인 책임도 없다. 병 자체의 자연 경과와 예상되는 치료 결과에 대한 객관적인 정보는 전달하지만, 그것과 별개로 진료를 마칠 때는 내가 환자들을 향해 갖고 있는 희망의 메시지를 꼭 전하려 한다.

치료 과정 중에서 환자들은 본인이 얼마나 잘 견디고 있는지 정작 잘 모를 경우가 있다. 이 약이 이렇게 오래 듣는 것이 드문 일이라는 것을 잘 모른다. 그래서 나는 병의 경과와 치료의 어려움을 고려했을 때 지금 환자 자신이 얼마나 잘하고 있는지 자주 이야기해 드리려 한다. 그래서 내가 참 기쁘다고 나의 감정도 함께 표현해 드린다. 특별히 더 어려운 상황에서 그 시간들을 꿋꿋이 잘 버텨 내고 있는 환자에게 내가 당신 덕분에 감동을 받았다고 말씀드린다.

앞서 말했듯이 나와 진료실 팀원들은 치료 여정 가운데 환자에게 의미 있는 이정표를 축하해 드리기 위해 환자에게 상장을 드리고 있다. 특히 치료 결과와 무관한 창의적인 상장들, 예를 들어 최고의 미소상, 최고의 커플상, 최고의 패션상 등 다양한 상들을 만들어서 환자들을 격려하고 있다. 제자 중 한 명은 환자인 남편을 한결같이 지지하고 그 곁을 지켜 주고 있는 보호자 아내를 위한 상을 줄 것을 건의해 주었다. 그 아내는 최고의 보호자상(Best Caregiver Award)을 받게 된 최초의 가족분이 되었다.

사실, 환자나 보호자들이 이런 상을 기대하고 있지는 않았겠지만, 막상 그들을 찾아가서 함께 칭찬해 주고 격려해 주고 축하해 주면 눈물을 글썽이는 분들이 적지 않다. 울면서 많이 힘들었지만 이제 힘을 내게 되었다고 본인의 삶을 나누어 주는 분들도 있었다. 이 눈물은 분명 기쁨의 눈물인데 병이 좋아지든 좋아지지 않든 상관없이 위로와 격려에서 나오는 선물 같은 눈물이라는 생각을 했다. 별것 아닌 것 같은 우리가 종이로 만든 상장에 어린아이처럼 기뻐하는 모습들을 보면서 서로에게 '상'을 주며 격려하는 것이 가진 강력한 힘에 대해 한 번 더 생각해 보게 되었다.

마지막까지 환자가 힘을 내도록

더 이상 치료할 수 있는 약이 없다는 것은 모든 환자의 악몽이다. 내 환자들도 나에게 종종 이제 쓸 수 있는 약이 얼마나 남았느냐고 물어본다. 쓸 약이 몇 개 안 남았다는 것은 죽을 날이 머지않았다는 뜻이다. 다행히도 나는 내 전공인 임상 시험을 통해, 또는 미국 제약회사의 무료 약물 공급 프로그램, 병원 사회사업 지원 프로그램 등을 통해 내 암 환자들에게 다음 약을 어떻게든지 처방할 수 있는 환경에서 근무하고 있다. 그래서 사실 얼마나 감사한지 모른다. 그래서 내가 환자들에게 쓸 약이 더 이상 없어서 치료를 중단하게 되는 경우는 거의 없다. 어떻게든지 다음의 최선의 치료를 매번 찾겠다고 약속드린다. 실제 치료 결과와는 상관없이 이러한 희망과 지지의 메시지를 통해 환자가 힘을 얻고 치료받는 것을 자주 본다.

내 환자 중에 어린 두 아이를 두고 암 투병하다가 세상을 떠난 젊은 엄마가 있었다. 돌아가신 다음 날, 남편이 진료실에 큰 꽃다발을 사 가지고 찾아왔다. 돌아가신 바로 다음 날 꽃을 들고 왔다는 것이 믿기지 않았다. 충격이었다. 남편이 나에게 아내는 마지막까지 희망을 놓지 않았다고 나에게 이야기해 주었다. 어려운 병이라는 것을 알았지만 그래도 나와 우리 의료진의 희망과 격려의 메시지 덕분에 아내가 죽는 날까지 힘을 내며 투병 생활을 할 수 있다고 말했다. 그래서 정말 고마웠다고 했다. 그때 깨달았다. '살고 죽고'의 결과보다 마지막까지 붙잡은 희망과 죽음을 통과하는 사람의 태도가 중요하다는 것을.

제자들에게 왜 미국으로 오기로 결심했느냐고 물어보았을 때 내가 종종 듣는 대답은 더 나은 환자와 의사와의 관계를 만들고 싶어서다. 강요된 짧은 진료 시간 안에서 자신이 원하는 환자 의사 관계를 만들기가 힘들겠다는 생각을 했으리라. 나 역시 종종 거만하거나 고압적인 의사 때문에 상처를 입거나 마음이 어려우시다는 지인들의 이야기를 듣는다.

여기 미국에서도 환자가 의사의 태도가 마음에 들지 않아서 닥터 쇼핑을 하는 일이 드물지 않다. 병이 주는 몸의

힘듦, 치료 과정에서의 지침보다 어떨 때는 의사 환자 관계에서 오는 오해와 갈등 때문에 환자가 더 많이 힘들어하며 관계의 고통이라는 불필요한 짐을 떠안고 치료를 받을 때가 있다. 그런 분들을 볼 때마다 마음이 무척 아프다.

나는 우리가 일 또는 장소로 부르심을 받았다기보다 관계로 부르심을 받았다고 믿는다. 마음의 안식을 주는 관계가 우리 회복력의 원천이 된다. 쉼은 일을 위해 있지 않다. 쉼은 그 자체로 목적이다. 환자와 의사의 관계 속에서 환자가 안식을 누리고 힘을 얻을 수 있으면 얼마나 좋을까? 진료실이 그 관계가 아름답게 성장하는 곳이 되기를 소원한다. 치료 결과에 따라 흔들리지 않는 신뢰가 쌓여 가는 곳, 환자 의사 관계가 마라토너와 페이스메이커(pacemaker)처럼 친구 관계가 되어 가는 곳이 되기를 원한다.

어떤 아시아계 환자 한 분은 영어를 잘 못하시지만, 영어를 잘하는 중년의 따님과 함께 진료실에 오신다. 나는 두 분의 어린아이와 같은 미소를 참 좋아한다. 그래서 자주 웃어 드리고 치료 잘 받으시고 있어서 내가 참 좋다고 엄지를 척 들어서 보여 드리곤 한다. 따님이 나에게 영어로 평소에 집 안에서 아버지가 닥터 채 이야기를 하는 것을 좋아하신다고 하면서 입원하실 때마다 나를 매일 찾는다고 했다. 나도 그분이 참 애틋하고 좋다.

환자를 사랑하게 해 달라는 내 기도가 응답이 되고 있는 것 같아서 참 좋다. 그분은 나를 보고 싶어서 진료실에 오시는 날을 기다린다고 한다. 투병 과정이 힘들어도 더 많은 분들에게 의사인 내가 보고 싶은 친구가 되어 드릴 수 있다면 얼마나 좋을까 생각한다. 내 진료실에서는 환자들이 돌아가신 후에 남은 가족에게 온 의료진이 함께 쓴 위로 카드를 보내 드린다. 그때마다 내가 종종 쓰는 표현이 있다.

"진료실에서 환자와 보냈던 지난 시간들이 나에게 추억이고 그 순간들이 그립다"고. "환자를 돌볼 수 있어서 내 이름처럼 영광이었다"고.

회진은

가족 회진까지

환자의 가족들을 돌아보게 하시다
—

어느 날부터인가 환자들뿐만 아니라 그 가족들도 내 마음에 들어오기 시작했다. 옆에서 돌보느라 지쳐 있는 가족들이 눈에 밟혔다. 어떻게든 그들을 위로하고 격려하고 싶은 마음이 생겼다.

그리스에서 이민 오신 환자 부부가 있었다. 아내가 오랜 기간 항암 치료를 하며 기력이 쇠해지고 있을 때 남편도 말기 암 진단을 받으셨다. 그분도 결국 내 환자가 되셨는데, 안타까운 마음에 이 부부를 위해 눈물로 기도했던 기억이 있다. 아내가 특별히 많이 불안해하셔서 이분의 손을 잡고 자주 진료실과 입원실에서 기도해 드렸다. 한번은 내 환자가 되기 전에 보호자로 나를 만났던 남편에게 아내를 돌보느라 고생이 많으시다고 남편은 어떻게 지내는지 걱정된다고 말씀드린 적이 있다. 그랬더니 잠시 내 눈을 들여다보더니 이내 내 손을 꼭 잡고 우셨다. 울음이 흐느낌으로 변했다. 아마 그런 질문을 해 준 사람이 거의 없어서였을지도 모르겠다. 또한 암에 걸린 두 부모를 병원에 데리고 다니며 어린 자녀들을 키우던 세 자녀의 마음도 될 수 있는 대로 챙겼다. 부모님을 잘 돌보아 주어서 내가 고맙다고 말씀해 드렸다.

아내가 돌아가시고 얼마 지나지 않아서 남편 역시 암으로 돌아가셨다. 신기한 것은 남편분이 의학적으로는 곧 돌아가실 것 같은 상황 속에서도, 세 자녀 모두 병실에 와 있었던 몇 주 정도를 더 버티다가 돌아가셨다는 것이다. 환자가 돌아가신 후 세 자녀가 나중에 나에게 해 준 말이다.

"선생님, 우리 아버지가 저희 세 명이 함께 지내는 것을 보고 싶어 하셨던 것 같아요. 각자 삶이 바빠서 같이 매일 함께 있었던 적이 거의 없었어요. 최근 몇 주간 저희 셋이 사이좋게 지내는 것을 기뻐하셨던 것 같아요."

시편 133편 1절 말씀 "형제가 연합하여 동거함이 어찌 그리 선하고 아름다운고"가 생각나는 순간이었다.

또 어느 날 돌아가신 환자의 가족들에게 전화를 걸어 안부를 묻는 일을 하나님이 기뻐하실 것이라는 생각이 들었다. 그래서 '가족 회진'이라고 이름을 붙이고 치료 과정 중 잘 알게 된 환자가 돌아가셨을 때 환자의 남편, 아내, 부모님, 자녀들에게 전화를 걸기 시작했다. 걸기 전 그 가족을 위해 기도했다. '하나님의 위로가 임하길 원합니다.' 사실. 슬픔에 잠겨 있는 그분들에게 무엇이라 말해야 할지 잘 알지 못했다. 그래서 목소리 듣고 싶어서 전화했다고 했다. 잘 지내고 계신지 궁금해서 전화했다고 했다. 나도 고인이 보고 싶다고, 그리워서 전화했다고 했다.

한 남편분은 우시면서 감당하기 어려운 슬픔을 이기기 위해 산책도 하고 기타도 배운다는 말씀도 해 주셨다. 한 아내분은 남편은 최고의 아버지였고, 최고의 남편이었고, 최고의 이웃이었다고, 하나님의 놀라운 선물이었다고 나에게 남편과의 추억을 나누어 주었다. 장애가 있는 아들을 끔찍이 사랑했던 남편이 아들 곁에 있지 않아 슬프다고 하셨다. 하지만 천국에서 다시 만날 소망이 있다고 말씀해 주셨다. 얼마나 감사했는지 모른다. 그분 이야기를 들으면서 나도 함께 울었다. 또 한 남편분은 죽은 아내와 결혼해서 긴 시간을 보낸 것만으로 큰 축복이었다고 당신 부부가 누린 것이 너무 많아서 차마 하나님께 아내가 더 오래 살게 해 달라는 기도를 할 수 없었다고 말씀을 해 주셨다. 돌아가신 이후에도 좋은 의료진과 좋은 치료를 받아 이렇게 더 살 수 있었던 것이 너무 감사할 따름이라고 말씀해 주시면서 우셨다. 한 환자의 따님은 정말 자기 목소리를 듣고 싶어서 전화한 것 맞느냐고 기쁘고 들뜬 목소리로 반갑게 내 전화를 받아 주셨다. 그렇게 가족 회진을 통해 하나님은 나에게 당신의 눈물을 흘리게 하시고 있다.

환자가 병원에서 얼마나 힘들게 치료를 받으셨는지 다른 사람은 몰라도 보호자와 의사는 안다. 마찬가지로 보호자가 병원에서 얼마나 한결같이 환자를 돌보았는지 다른 사람은 몰라도 의료진은 안다. 그래서 의사가 그동안 수고했다고 고맙다고 건네주는 말이 보호자들에게 힘이 된다.

이것을 미처 깨닫지 못하던 시절 만났던 환자와 보호자들이 내 따뜻한 말 한마디로 위로받을 수 있었다면 얼마나 좋았을까. 나는 나의 자기 중심성, 어색함, 바쁨, 여유 없음 등의 이유로 그런 수많은 기회를 놓친 것에 대해 너무 안타까웠다. 하지만 지금부터라도 하나님이 계속 환자와 그 가족들에 대한 사랑을 부어 주시기를 구해야겠다고 다짐한다.

신기한 것은 내가 하나님의 마음으로 섬기고 싶은 마음으로 시작한 가족 회진을 통해 하나님이 가족들뿐 아니라 내 마음을 많이 만지시는 것이다. 인생의 유한함을 다시금 생각하게 하시고 위로와 격려라는 내 사명을 발견하게 하셨다. 내 남편 혹은 아내의 죽음이 헛된 죽음이 되지 않게 이 질병에 대해 더 많이 연구해 달라고 부탁하는 가족들의 이야기를 들을 때는 내 연구에 거룩한 동기가 부여되는 순간이다. 돌아가신 환자의 암 치료 과정을 통해 배우게 된 모든 지식과 지혜를 다른 환자를 치료할 때 꼭 활용해 달라는 가족들의 부탁도 나에게는 너무나 소중하다. 폐암으로 돌아가신 아내 주디와 금슬이 좋았던 남편분이 나에게 이런 편지를 보냈다.

"채 교수님과, 진료팀에게

잘 지내셨나요? 내 아내가 소세포폐암과 싸우는 동안 여러분들에게서 받은 특별하고도 동정심 넘치는 보살핌에 감사하기 위하여 이 편지를 씁니다.

2019년, 우리의 첫 번째 진료 날부터 2020년 마지막 진료 날까지, 우리는 세계 최고 수준의 치료를 받고 있다는 것을 분명히 알았습니다. 우리는 여러분의 전문성과 상황을 명확하게 설명해 주는 능력, 그리고 어떤 일이 우리에게 일어나고 있고, 어떤 일이 일어날 수 있을지를 설명해 주는 진정성에 엄청난 감명을 받았습니다. 진료 시간에 시간에 쫓겨 서둘러 끝난다는 느낌을 받은 적은 한 번도 없었습니다. 여러분은 항상 우리의 부탁에 귀 기울여 주었고, 응답해 주었습니다. 우리는 주디가 미국 의학이 줄 수 있는 최상의 치료를 받고 있다는 것을 알았습니다.

매번 갈터빌딩(종양내과 진료실이 위치한 건물)의 **17**층을 떠날 때마다, 우리는 격려받았고, 희망에 찼습니다. 받아들이기 쉽지 않은 진단에 대해 들어야 했을 때도, 여러분의 지지와 격려 때문에 좋은 일이 또 일어날 수 있다는 희망을 놓지 않을 수 있었습니다. 주디는 꼭 병을 이겨서 채 교수님이 노벨상을 타는 데 기여하겠다고 다짐하곤 했답니다. 스톡홀름에서 열릴 노벨상 시상식에 무엇을 입고 갈지, 여러 번 의논하기도 했어요.

한 가지 제안을 하자면, 환자가 홀로 항암 치료를 받을 때, 항암 주사실에 배우자가 들어갈 수 있도록 해 주십사 하는 것입니다. 아커스 건물에 있는 항암 주사실은 사회적 거리두기를 하면서 항암 치료를 받을 수 있는 충분한 공간이 있어 보였습니다. 영상통화를 통해서 함께 할 수 있기는 하지만, 이것이 허락된다면 훨씬 더 좋을 것입니다. 항암주사를 맞는 과정은 혼란스럽고 두려울 뿐만 아니라, 길고 지치는 과정이니까요. 혼자 경험하기에는 참 벅찬 일입니다.

여러분이 아내를 위해 해 주신 모든 일에 감사를 표합니다. L 드림."

한참 코로나 상황 중에 병원의 지침상 보호자의 항암 주사실 출입을 제한할 수밖에 없었는데, 남편분은 이와 관련해 우리에게 친절한 조언도 아끼지 않았다. 환자가 돌아가신 이후 받는 이러한 편지들은 내 암 연구가 환자와 그 가족들을 사랑하는 방법이라는 확신을 주는 데 큰 기여를 했다. 어떤 가족분들은 내 암 연구를 위해 의과대학에 기부하기도 하셨다. 내 연구가 가족들을 위로하는 일이 될 수 있다는 것은 내게는 새로운 발견이었다.

잊지 못할 장례식

한번은 돌아가신 환자의 아들과 아내가 진료실로 직접 찾아온 적이 있었다. 시카고 남부에 사는 흑인 가족이었는데, 환자의 장례식에 나와 내 의료진을 초대하기 위해서 직접 온 것이다. 처음에는 바쁘다는 핑계로 거절하려고 했다가 그분들의 깊은 슬픔과 진심 어린 부탁을 보고 장례식에 참석하겠다고 했다.

나와 병원 직원 세 명이 함께 토요일 오전 장례식에 참석했다. 나는 장례식에서 큰 감동을 받았다. 크고 아름다운 흑인 교회 안에서 진행되었다. 성가대는 〈오 해피 데이〉를 부르며 천국을 향해 가는 환자를 슬픔과 소망 속에서 환송

했다. 많은 사람이 앞에 나와서 환자와의 추억과 감사함에 대해 나누었다. '아 참 아름다운 인격을 가지신 분이었구나' 하고 생각했다. 아내분이 나를 앞으로 초청해 나 역시 내 팀원 모두와 함께 강단에 나가 몇 마디를 나누었다. 그때 내가 드렸던 말씀이다.

"B씨의 삶을 추억하고 기념하기 위해 이 자리에 모이신 가족 친지분들, 여러분을 위로하고 지지하기 위해 이 자리에 온 것이 저에게는 큰 영광입니다. 저는 노스웨스턴대학 병원 암센터에서 B씨가 가졌던 폐암을 비롯한 여러 암을 치료하는 의사입니다. 제 의료팀의 세 명, 리나, 알리, 그리고 린다도 여러분과 함께하기 위해 이곳에 왔습니다. 우리 모두 함께 이곳에 올 수 있어서 얼마나 기쁘고 감사한지 모르겠습니다.

우리는 장례식 초대장을 많이 받았지만, 가족분들이 친히 찾아와서 우리의 친절에 진심으로 감사를 표하고 장례식에 진정 어린 초대를 해 주신 것은 이번이 처음이었습니다. 그날 아내분과 아드님이 흘리신 눈물은 지금도 잊을 수 없습니다. 가족분들의 B씨에 대한 깊은 애정과 긍지를 느낄 수 있었습니다. 고인을 함께 기리기를 원하는 진심을 읽을 수 있었습니다.

우리는 B씨의 마지막 몇 달의 투병 과정을 옆에서 상세히 지켜볼 수 있었습니다. 그는 아름다운 인격의 소유자였습니다. 그는 매우 친절하신 분이었고 그분이 방문하실 때마다 우리는 기뻤습니다. 치료 과정을 잘 견디셨지만, 갑자기 찾아온 죽음이 너무나도 야속하게 느껴집니다. 그래서 우리 모두 슬픔 가운데 있습니다.

폐암은 현재까지도 모든 암 중에서 사망률 1위를 차지하고 있습니다. 암 환자 네 명 중 한 명이 폐암으로 돌아가시고 계십니다. 매년 16만 명 정도가 미국에서 폐암으로 돌아가십니다. 안타깝게도 이미 암이 많이 진행된 이후에 폐암이 발견되는 경우가 많습니다. 훌륭한 좋은 치료법들이 나오고 있지만, 아직 이 병을 정복하기 위해 갈 길이 멉니다. 또 다른 B씨의 생명을 살리기 위해 나와 내 연구팀, 그리고 미국의 연구팀들이 많은 연구를 하고 있음을 말씀드립니다.

저는 B씨를 축하하고 그 가족을 격려하기를 원합니다. 저는 그가 폐암의 희생자(victim)가 아니라 하나님이 예비하신 삶의 여러 사명을 온전히 감당한 승리자(victor)라고 믿습니다. 그 사명 중의 하나가 폐암 환자로서의 삶일지 모릅니다. 암 투병이라는 어려운 상황을 그와 그의 가족이 어떻게 견디어 냈는지 볼 때 그들이 신앙 안에서 얼마나 아름답고 든든한 가족이었는지 생각하게 됩니다. 우리는 이런 상황에서 서로 비난하는 가정들을 자주 봅니다. 그러나 이 가정은 정반대였습니다. 서로를 위해 각자의 자리를 지켜 주었습니다. 참 귀한 가정입니다. 우리는 다시 한번 천국 고향으로 돌아가는 B씨의 삶을 축하하면서 죽음이 마지막이 아니고 새 생명의 시작이라는 사실을 기억합니다. 하나님의 이름으로 여러분 모두를 축복합니다."

호스피스로 가는 환자에게 다시 천국에서 만날 약속을 하는 마음을 담아 쓴 자작시를 소개한다.

블루

채영광

누구는 병원에는 코로나 블루가 없다 하지만
마스크를 쓰고 환자와 절망과 희망의 눈빛을 교환하며
마스크에 침 튀기며 설명하는 내 영혼은 마냥 숨이 차다

잠시 졸려 나도 모르게 눈을 감으니
책상 앞으로 파랑 파도가 와닿는다
산뜻한 해변 모래가 발가락을 간지럽히는데
와, 눈부신 새하얀 산토리니 섬이 눈앞에 펼쳐진다
에게해의 아름다움에 지나가던 용암도 굳어 버린 전설의 섬

이제 내 피로를 산토리니에 던지고 눈을 비비며 일어난다
어제 어렵게 호스피스로 가기로 결정한 내 오래된 환자분을 만나러
새하얀 가운을 걸친다
그러고 보니 내 스크럽은 산토리니 블루
바다 내음을 맡으며 내 환자가 기다리는 에게해로 걸어간다

그분이 호스피스를 졸업하신 후
우리는 아무렇지도 않게 서로 다시 만나기로 약속했다

파랑 바다
하얀 섬
파랑 교회
하얀 계단 앞에서

최선: 나보다 더 성실하신 분

시카고 암 진료실에서 환자를 보면서 많이 느끼는 것은 한 사람이 좋은 치료를 받기 위해서 뒤에서 정말 많은 사람이 수고한다는 것이다. 나는 진료실에서 환자와 최대한 많은 시간을 보내려고 노력한다. 하지만 환자와 보내는 시간은 나와 내 팀원들이 치료를 준비하기 위해 보내는 시간에 비하면 상대적으로 짧게 느껴진다.

환자 한 분이 진료실에 들어오기 전에 나는 모든 검사 영상들을 직접 눈으로 보고 이전 결과들과 비교한다. 그날 피 검사의 모든 수치를 이전 자료와 비교하고, 그래프로 그려 보기도 한다. 조직 생체 검사를 했을 때는 각 표지자를 꼼꼼히 검토한다. 치료법을 바꾸어야 한다면, 환자의 상황에 적절한 임상 시험을 찾아보고 임상 시험 담당 연구원들과 상의를 한다. 임상 시험 밖의 치료제를 쓰는 경우는 며칠 전부터 그 항암제가 보험회사의 적용을 받을 수 있는지 알아본다. 승인이 나지 않거나 환자 부담액이 너무 큰 경우에는 사회사업팀과 소통하며 환자에게 도움을 줄 수 있는 병원이나 단체 기금이 있는지를 알아본다. 환자의 특정 질환명에 대해서 식약청(FDA) 승인이 채 나지 않은 약을 써야만 할 때는 제약회사에 직접 연락하여 약값을 무료로 해 주는 프로그램을 알아보고 지원한다. 방사선 치료나 수술이 중간에 필요할 것 같다는 판단이 서면, 다양한 과의 의사들이 모여 환자의 상황을 살피고, 최선의 치료 방침을 함께 고민하며 찾아 나가도록 회의를 준비한다. 중요한 질문이 생기면, 같은 과 또는 다른 과 동료 전문의들을 호출하여 실시간 조언을 구한다.

새로운 치료를 시작하는 환자들에게는 새 약과 치료법에 관한 교육

자료를 만들어 제공한다. 임상 시험이라면 동의서를 만들어 놓고, 영어를 못하는 환자라면 번역본을 미리 만들어 놓을 뿐만 아니라 통역사까지 대기시켜 놓는다. 병원까지 오기 힘든 환자를 위해서는 암 협회에서 지원하는 택시 서비스와 연결해 드린다. 혹시라도 일어날 예기치 못할 상황에 대비하여 플랜B를 마련한다. 이렇듯 나는 진료실에서 환자와 얼굴을 맞대고 보내는 시간보다 진료실 밖에서 보내는 시간이 훨씬 더 많다.

어느 날, 문득 이런 생각이 들었다. 신실하신 나의 하나님 역시 무대 뒤에서(behind the scene) 나를 위해 더 바쁘게 일하고 계신 건 아닐까? 내가 기도하고 예배하는 시간이 아니라도 나의 모든 간구를 듣고 일해 주시는 하나님을 상상해 보았다. 그러자 실제로 같은 말씀을 다른 경로로 계속 접하게 되거나 비슷한 주제의 말씀과 간증을 자주 듣는 일이 많아졌다. 하나님이 구체적으로 인도하시는 손길을 느끼는 일이 잦아졌다.

하나님의 공급하심은 늘 내가 상상할 수 있는 최고치와 나의 가장 높은 기대를 넘어선다. 그분의 영광을 위하여 모든 것이 합력하여 선을 이루는 것을 자주 목도하면서 "내 평생에 선하심과 인자하심이 반드시 나를 따르리니 내가 여호와의 집에 영원히 살리로다"(시 23:6)라는 말씀이 실제로 믿어졌다.

진료실에서 나와 함께 일하는 펠로우들 역시 내 진료실에서 일어나는 놀라운 치료 반응을 보고, 환자의 마지막 순간까지 최선을 다해 돕고 그와 함께하려는 우리 팀원들의 마음을 보면서 선하신 하나님을 고백하는 일들이 일어났다. 진료실에서 보험회사나 제약회사에서 허가가 나지 않을 것 같은 약을 신청하니 극적으로 허가가 난다거나 좋은 임상 시험이 환자를 위해 제때 제공되기도 하고, 승인되지 않을 것 같던 사회사업 기금에 신청한 환자 보조 기금이 신기하게 승인되는 등 크고 작은 일에서 '하나님이 뒤에서 일하고 계심'을 보게 된다. 그러니 이 모든 일에 감탄하며 감사하는 게 일상이 되고 있다.

연구의 시작은
환자 사랑에서

연구를 통해서 사랑을 흘려보내다

"매일 아침 당신을 깨우는 것은 무엇입니까?"

나는 이 질문을 좋아한다. 나를 매일 아침 깨우는 여러 동기 중 하나는 환자를 위한 연구에 대한 열정이다. 병원이라는 조직 사회에서 살면서 내 관심의 중심이 환자에서 내 명예와 사람들로부터의 인정으로 바뀌는 것을 느낄 때가 있다. 특히 대형 대학병원에 종사하는 의사들은 발표한 논문의 등급과 숫자로 평가받고 승진 여부가 결정되는 것이 현실이다.

내가 존스홉킨스 병원에서 연구원으로 일할 때 실험이 안 되면 좋은 논문을 못 쓰게 될까 봐 염려했다. 공동 실험을 하면 내가 몇 번째 저자가 될까에 신경이 쓰였다. 실험실에 일했던 시간들이 나에게는 광야와 같았다. 외로울 때도 많았고 마음이 힘들 때도 많았다.

하지만 하나님이 내 마음에 환자에 대한 긍휼한 마음을 부어 주시기 시작한 이후에는 내가 하는 실험과 연구가 정말로 환자에게 도움만 될 수 있다면 하는 간절한 마음이 생겼다. 공동 연구를 하면 내가 가장 중요한 저자가 되든 안 되든 큰 상관이 없게 되었다. 오히려 연구가 잘 진행되게 하기 위해 다른 사람들에게 내 연구 관련 아이디어들을 나누어 주고 싶었다. 그리고 그렇게 많이 나누었다. 그 아이디어로 그들이 제1 저자로 발표해도 괜찮았다. 누가 어디에서 연구하든 그것이 암 환자들의 생명이 연장되는 데 도움이 된다면 그것이 내 행복이 되었다. 시간도 능력도 체력도 부족한 나 대신 누군가 좋은 아이디어로 연구를 해주어서 오히려 고마운 마음이 생겼다.

연구를 통해서도 환자를 사랑할 수 있다는 깨달음은 나에게 큰 힘이 되었다. 기업의 목적은 이윤 창출이다. 제약회사는 시장성이 있는 약만 개발할 수밖에 없다. 하지만 의사는 돈이 안 돼도 환자를 위해 연구를 할 수 있다. 약값이 아무리 비싸도 그 약이 암 치료에 효과가 있다면 그 약을 사용한 임상 연구를 정부나 비영리단체의 지원을 받아서 진행할 수 있다. 일례로 희귀 암 치료제 개발에는 연구

비도 많지 않고 제약회사 역시 관심이 없다. 하지만 하나 하나의 드문 희귀 암을 모두 모은다면 집합체로서의 희귀 암은 절대 드물지 않다. 실제 새로 진단되는 모든 암의 넷 중 하나는 희귀 암(rare cancer)이다.

그런 의미에서 하나의 임상 시험 안에서 희귀 암 환자들 모두를 모아 보면 어떨까 생각을 했다. SWOG라는 미국 에서 가장 큰 임상 시험 그룹에서 희귀 암을 위한 복합 면 역 치료 임상 시험인 DART(Dual Anti-CTLA-4 and Anti-PD-1 Blockade in Rare Tumors)는 희귀 암을 55개의 그룹으로 분류해 서 하나의 임상 시험 안에서 치료하는 혁신적인 임상 시 험이다. 2018년 노벨 생리 의학상을 공동 수상한 짐 앨리 슨, 혼조 타스쿠 교수가 각각 발견한 면역 치료의 표적인 CTLA-4와 PD-1을 동시에 억제하는 약을 희귀 암에 적 용한 임상 시험이다. 현재 4년간 800명 정도의 환자들이 참여했다. 미국 전역 1,000여 개 병원에서 진행되고 있다. 감사하게도 내가 공동 책임 연구자(study co-chair)로서 이 임 상 시험을 함께 구상하고 디자인해서 진행할 기회를 얻게 되었다. 이 연구에서 나오는 환자의 조직과 피를 통해 행 해지는 모든 연구의 총책임자로도 일하게 되었다.

이 임상 시험을 통해 지금까지도 암이 자라지 않고 잘 지내고 계신 환자들의 이야기를 들을 때의 그 기쁨은 어마어마하다. 실제 내 연구실로 신문 기자 한 분이 찾아온 적이 있다. 어떤 항암 치료도 듣지 않는 희귀 암인 부신피질선암을 앓던 27살 젊은 남성 환자가 시카고 한 병원에서 내가 만든 이 임상 시험에 참여해서 현재까지 아무 증상 없이 잘 살고 계신 이야기를 취재하고 있던 기자였다. 현재 영상 검사상 암의 흔적이 보이지 않는다고 했다. 기자는 이 임상 시험의 책임자인 나도 시카고에 있다는 것을 알고 내 연구실까지 취재를 위해 찾아온 것이다. 이 일은 나에게 연구를 위한 연구가 아니라 환자를 살리는 연구에 대한 열정을 더욱 지피는 계기가 되었다. 실제 이 연구 결과들은 미국암연구학회(AACR) 학회지에 최다 피인용 논문으로 선정되었을 뿐 아니라 미국의 대표적 표준 항암 치료법 가이드라인(NCCN guideline)에 들어가게 되었다.

연구는 환자 사랑의 또 다른 방법

연구실에 있다 보면, 이력서에 한 줄을 더 넣기 위한 연구, 레지던트, 펠로우를 할 더 좋은 곳에 들어가기 위한 연구, 혹은 자리를 지키기 위한 연구, 일단 펀딩을 따기 위한 연구 등 수단으로서 연구하는 사람들을 본다. 처음에 좋은 열정으로 시작했지만, 꾸역꾸역하는 일이 되어 버린 연구나 진료처럼 안타까운 일 없다. 나 역시 그런 시간들을 경험했기에 더 안타깝다. 이것이 바로 내가 제자들에게 성공을 위한 지름길로서의 연구가 아니라 진정 환자를 사랑하는 방법으로서의 연구에 관해 끊임없이 이야기하는 이유다.

제약회사의 관점, 병원 경영자의 입장이 아니라 환자의 관점에서 하는 연구를 내 제자들이 배우기를 원한다. 나의 제자들이 우리 연구실에서 지내면서 나에게 들려준 기쁜 소식 중 하나는 환자를 사랑하는 방법으로서의 연구를 알게 되어서 행복하다는 고백이다. 같은 임상 시험이라도 과학적 근거가 부족하고 윤리적으로도 문제가 있을 수 있는 임상 시험은 열지 않도록 해야 한다. 내가 추천한 임상 시험을 통해 환자에게 좋은 결과가 나타났으면 하는 바람은 늘 간절하다.

그래서 나는 환자에게 이렇게 이야기한다.

"이 임상 시험을 통해 최상의 결과가 나타났으면 하는 것이 저의 바람입니다. 저의 바람과 환자분의 바람은 같습니다. 하지만 제가 어떤 결과를 보장해 드릴 수는 없습니다. 단, 제가 보장해 드릴 수 있는 것이 하나 있습니다. 어떠한 경우라도 제가 환자분을 최우선으로 고려하겠다는 것입니다. 임상 시험 자체도, 그것을 후원하는 연구 기관이나 제약회사도, 병원 행정도 아닌 환자분 당신만이 저의 최우선 고려 대상입니다."

나를 비롯한 나의 동료 의사들은 단 한 사람을 위한 임상 시험을 만들어서 이끌어 본 경험이 있다. 나는 아직 식약청의 허가가 나오지 않은 항암제를 내 환자를 위해 사용하기 위해 온갖 행정적 절차가 많은 임상 시험을 직접 쓰고 지휘했다. 또한 여러 가지 다른 치료법으로 치료받는 다양한 환자들로부터의 조직과 피를 얻어서 치료법을 연구하는 중개 연구(translational research)를 계획하고 진행하는 일을 많이 했다. 임상 시험을 할 때 제대로 된 중개 연구를 하는 것은 필수다. 환자는 자기 몸을 바쳐서 임상 시험에 참여하는데 이 시험에서 약이 들으면 왜 듣는지 안 들으면 왜 안 듣는지를 알 수 있는 유일한 길이 중개 연구다. 환자가 제공한 유일한 기회를 놓쳐서는 안 된다. 그러기 위해서 어떤 생물학적 표지자(biomarker)가 단서를 줄 수 있는지 연구 계획을 잘 세워야 한다. 연구 계획서를 발표하고 연구비를 받고 연구를 수행하여 발표하는 일, 또 그 결과를 통해 더 좋은 치료법을 만들어 가는 일이 주는 기쁨과 보람이 참 크다.

환자를 낫게 해 주고 싶은 마음으로 치료하지만 사실 치료의 부작용으로 고생하는 환자들을 볼 때면 참 마음이 아프다. 나는 면역 치료를 통해서 암 환자들이 더 오래 살게 되는 것을 자주 본다. 하지만 최근에 소수 환자들에게서는 면역 치료가 암을 오히려 더 빨리 자라게, 더 퍼지게 만든다는 것(hyperprogression)이 밝혀졌다. 내 연구실에서 하는 연구 중 하나는 바로 그 소수 환자가 어떤 특성을 가지고 있는지 알아내는 것이다. 나는 약에 대해 이미 잘 알고 있다는 착각과 약을 지나치게 믿는 교만이 내 안에 있지는 않은지 늘 살핀다. 많은 약이 왜 누구에게만 듣는지, 또 왜 누구에게만 심각한 부작용을 초래하는지 우리는 아직도 잘 알지 못한다.

내가 아픈 영혼들을 섬길 때, 내가 그들에게 가장 좋은 것이 무엇인지 안다는 교만을 내려놓지 않으면 오히려 섬김이 독이 될 수 있다. 그래서 나는 늘 겸손한 마음으로, 환자를 사랑하는 마음으로 연구하기를 소원한다.

5부

잘하고 계신

나의

환자들에게

환자를 친구로

■

사랑은 물어보는 것이다. 한국과 달리 미국 진료실은 환자
가 각 방에 미리 들어가 있고 내가 환자 방에 들어가서 진
료를 보는 시스템이다. 나는 환자 방에 들어가기 전에 노
크하고 먼저 "제가 들어가도 될까요?" 하고 물어본다. 노
크를 하더라도 바로 문을 열고 들어가는 것은 무례한 일이
다. 환자가 허락하는 만큼 나아가는 것이 환자를 배려하는
것이다. 암 진단과 같은 나쁜 소식을 전할 때도, 여러 가지
치료 방법들을 논할 때도, 오늘 어디까지 얼마만큼 이야
기할지 물어보는 것이 좋다. 마음이 얼마나 준비되었는지,
어디까지 알고 있는지 물어보는 것이 중요하다. 나는 환자
방 앞에서 노크하면서 상상해 보곤 한다. 당신 삶에 내가

들어가서 병을 고치는 일을 시작해도 좋을지 생각한다.

증거 기반 의학(evidence-based medicine)을 이야기하지만, 에티켓을 소중히 여기는 의료(etiquette-based medicine)를 잊을 때가 많다.

환자와 눈높이를 맞추기 위해 의자를 가져와 앉기, 회진 중 의자가 없을 때는 무릎을 꿇고서 눈을 맞추기, 어깨나 팔에 손을 얹고 내가 이 순간을 함께하고 있음을 알리기, 내 몸과 눈을 환자의 눈에 집중하기 등 "나에게는 환자분 당신이 가장 소중하다"는 메시지가 전달되기 위한 비언어적 소통을 하려고 고민한다.

어떤 환자들은 바쁜 의사 선생님을 붙잡고 오래 이야기해서 미안하다고 말씀하시기도 한다. 그럴 때일수록 더욱 더 "환자분 당신이 나의 우선순위"라는 것을 주지시키려고 노력한다. 진료가 밀려서 환자가 나를 오래 기다렸을 때는 오래 기다리게 해서 정말 미안하다고 진심으로 사과한다.

이렇게 환자를 배려하면서 진료를 하다 보면 어느새 환자들과 친구가 되어 있는 나를 발견한다. 서로 휴가를 가면 어디 갔는지 가족들은 잘 지내는지 안부를 묻는다. 내가 행복하기를 바란다고 말씀해 주시는 환자들이 종종 있다. 본인도 항암 치료로 힘들 텐데, 내 안부를 묻고 내가 피곤해 보이는 날은 내 걱정을 해 주신다.

친구가 된 환자들 중 돌아가신 분들이 종종 참 보고 싶을 때가 있다. 그럴 때는 천국에서 병든 몸이 아닌 새 육체를 입은 나의 환자이자 친구인 많은 이들을 설레는 마음으로 상상한다.

의술은 기술만이 아니라는 깨달음

나의 외래 진료를 참관한 제자들의 소감을 들어보니 의술은 기술만이 아니라 관계 맺음의 예술일 수도 있음을 깨달아 가는 듯하여 뿌듯하다. 두 제자의 소감을 소개하고자 한다.

먼저, 제자 조형규는 이렇게 말한다.

"참 신기한 일을 경험했다. 오늘 채 교수님의 외래 진료를 참관하면서 처음으로 '환자들의 마음은 어떨까?'라는 질문을 스스로 던져 보았다.

이제는 눈이 침침하여 책을 잘 읽을 수 없다던 소녀 같은 할머니, 면역 치료 관련 수치가 평소와 다르게 나오자 걱정스러운 표정으로 이것이 무슨 의미인가 하고 묻던 머리가 듬성듬성해진 30대 젊은 암 환자, 임상 시험에 앞서 이것저것 물으며 꼼꼼히 필기하시던 학자풍의 건장한 40대 환자 등…. 오늘은 환자들이 '보이기' 시작했다. 예전에는 환자가 '보이지' 않았는데, 이젠 환자 한 분이 하나의 인생, 하나의 생명으로 보이기 시작한다.

예전 같으면, 환자들이 왜 이리 질문이 많을까 하며 투덜거렸을 텐데, 오늘은 내가 아닌 것만 같다. 얼마나 걱정이 될까, 얼마나 마음이 아프고, 얼마나 두려울까 하는 마음이 들었다.

확실한 것 한 가지는 이런 공감은 내가 할 수 있는 게 아니라는 것이다. 성령님이 마음을 주시지 않으면, 나는 환자의 고통에 공감할 수 없으며 이웃을 사랑할 수도 없다. 오늘 나는 '의사가 어떤 마음으로 환자를 대해야 하는지' 또 '나는 어떤 의사가 되고 싶은지'에 관한 약간의 힌트를 얻게 되었다. 값으로 매길 수 없는 귀중한 깨달음을 얻은 것 같아 기분이 참 좋다. 환자를 사랑하는 마음을 내게도 달라고 매일 기도해야겠다."

어릴 때부터 의사의 꿈을 품고, 오직 앞만 보고 달려왔다는 제자, 그레이스 리는 할머니의 말기 암 판정 소식을 듣고는 충격에 빠졌다고 한다. 항암 치료로 쇠약할 대로 쇠약해지신 할머니의 모습을 보고, 그녀는 아무 말도 할 수 없었다고 한다. 오히려 병상에 누운 할머니가 그녀를 위로해 주실 정도로 패닉 상태에 빠져 있었다.

결국, 할머니는 돌아가셨고, 그녀에게는 후회만 남았다.

그런 상태에서 내 연구실에 합류하게 되었다. 그녀의 이야기를 들어보자.

"처음 연구실을 합류했을 때, 나는 팬데믹 때문에 몇 개월간 여전히 집에 머물면서 화상 미팅으로만 활동해야 했다. 9월 새 학기가 시작되었을 때, 비로소 채 교수님을 따라 진료실로 들어갈 수 있었다.

매주 교수님과 함께 많은 암 환자들을 뵈었다. 우리 할머니와 비슷한 연령대의 분들부터 내 또래의 환자들까지 정말 다양한 분들을 만났다. 나는 진료하시는 교수님을 유심히 관찰했다. 환자들과 어떻게 대화하시는지, 어떻게 위로를 건네시는지, 어떻게 격려하시는지를 배우려고 노력했다.

교수님이 환자들에게 자주 하시는 말씀이 있다. '당신이 잘하고 있어서 내가 정말 기쁩니다'라는 말이다. 많은 환자들이 이 말을 들으면, 기뻐하신다. 잘하고 있다는 말의 위로와 의사 선생님의 '기쁘다'는 말이 안도감을 주는 것 같다. 또 교수님이 환자들에게 자주 강조하시는 것은 의료진, 환자, 보호자 모두가 한 팀이라는 것이다. 모두가 환자들이 잘되시길 바라며 열심히 돕고 있다고 말씀드리면, 환자들이 마치 천군만마를 얻은 듯 든든해하신다. 교수님은 환자 한 분 한 분과 많은 시간을 보내며, 그분들이 하는 질문을 포함한 모든 이야기를 끝까지 들어주신다.

다시 할머니를 만날 수만 있다면, 교수님 밑에서 새로워
진 마음으로 위로의 따뜻한 말을 건네 드리고 싶다. 물론,
이 세상에서 할머니를 다시 만나는 것은 불가능하지만, 다
른 환자들을 똑같은 마음으로 위로하고, 그분들에게 도움
을 드리고 싶다."

당신 잘못이
아니에요

누구의 잘못도 아닙니다
—

많은 환자가 질병의 원인을 찾기를 원한다. 자신이 무언가 잘못했기 때문에 병에 걸린 것은 아닐까 고민한다. 나아가 막연한 죄책감에 시달리기도 한다. 환자들이, 또 보호자들이 정확한 정보 없이 주변에서 들은 이야기들을 쉽게 믿고 불필요하게 마음고생하는 것을 많이 본다.

그래서 주변 암 환자 단체, 건강 증진 센터, 한인 문화 센터, 교회나 성당 등에서 환자와 보호자들을 위한 '암에 대한 모든 것'이라는 주제로 강의를 시작했다. 누가 부탁한 것도 아닌데 내가 강의안을 만들고 무료로 강의를 해 드리겠다고 적극적으로 연락을 드렸다. 이 강의에서 내가 강조하는 것이 있다. 질병은 환자의 잘못이 아니라는 것이다. 나아가 그 누구의 탓도 아니라는 것이다. 각 질병에는 위험 인자가 있지만, 위험 인자가 있다고 반드시 그 병에 걸리는 것은 아니다. 평생 골초였던 윈스턴 처칠은 폐암에 걸리지 않았지만, 평생 흡연을 하지 않은 故 옥한흠 목사님이 폐암으로 돌아가셨다. 폐암의 15% 정도는 비흡연자에게서 발생하기 때문이다. 나는 환자와의 첫 만남에서 "암은 당신 탓이 아닙니다"라고 이야기해 주고자 노력한다. 암의 실제 가장 강력한 위험 인자는 연령이다. 세포가 분열할 때마다 유전자 복제가 일어나야 한다. 나이가 많아질수록 이 복제가 일어나는 수가 늘어나고, 무작위적으로 그런 이상이 발생할 확률이 높아진다. 이 유전자의 이상이 암을 일으키는 가장 흔한 근본 원인이다.

질병에 대해 자기 탓을 하지 않더라도 억울한 마음에 주변 사람들을 탓하는 것도 종종 본다. 암에 걸린 딸을 보고 장모가 딸을 제대로 챙겨 주지 않은 사위의 탓이라고 한탄한다. 암에 걸린 아들은 집안에 암이 많은 내력 때문에 자기도 암에 걸린 것이라고 부모님 탓을 한다. 서로 비난하는 일들을 나는 블레임 게임(blame game)이라 부른다. 안 그래도 투병과 간병으로 육체가 지쳐 가는 상황에서 블레임 게임이 시작되면, 가정은 여지없이 파탄 난다. 참 안타깝다.

또 주변 사람을 비난하지 않더라도 하나님을 비난하는

경우도 있다. 세탁소 하면서 뼈 빠지게 자식 뒷바라지하면서 고생했기에 이제 여행도 다니고 인생을 즐겨 보려 하는데 이렇게 암에 걸리고 보니 너무 억울하다고 하시는 분도 보았다. 흔히 '하늘도 무심하지'라는 말로 표현된다. 블레임 게임이 자기를 향하면 우울함, 남을 향하면 갈등, 하나님을 향하면 불신앙의 자리로 간다. 그래서 암을 비롯한 심각한 질병의 진단은 신체적 고통뿐 아니라 많은 영적인 문제로 이어지곤 한다.

우리와 함께 우시는 하나님

질병은 저주가 아니다. 하나님은 절대로 우리의 고통을 기뻐하지 아니하신다. '쌤통'이라고 고소하다고 뒤에서 낄낄대시는 분이 아니다. 고통은 하나님의 본심이 절대 아니다. 예레미야 애가 3장 33절 말씀이다. "주께서 인생으로 고생하게 하시며 근심하게 하심은 본심이 아니시로다." 이 하나님의 본심은 에스겔서 18장 32절에도 나와 있다. "죽을 자가 죽는 것도 내가 기뻐하지 아니하노니 너희는 스스로 돌이키고 살지니라." 하나님은 우리가 가장 힘든 순간에서도 마지막까지 하나님께 돌아오기를 바라신다. 질병은 하나님의 분노나 벌이 아니다. 아픔과 고난 속에서도 하나님은 우리와 함께 아파하시고 동행하신다. 예수님은 가장 낮은, 가장 고통스러운 곳에 있는 인생들과 함께 공감하며 같이 우시는 분이다.

미국의 장기 자랑 프로그램, 아메리카 갓 탤런트(America's Got Talent)에 출연했던 출연자 중에 오하이오주 출신의 나이트버드(Nightbirde)라는 예명의 가수가 있었다. 그녀는 전신에 암이 퍼져 있는 상태에서 출연했다. 그녀는 〈괜찮아요〉(It's okay)라는 자작곡을 불렀고, 준결승으로 직행하는 골든 버저의 영예를 얻었다. 그녀가 심사위원들에게 한 말이다.

"사람들이 내가 나에게 일어난 불행한 일보다 훨씬 더 큰 존재라는 것을 알기를 원해요."

많은 관객들이 그녀의 밝은 모습과 위로 넘치는 노래에 감명을 받았다. 그녀는 항암 치료 중 구토로 고생하며 변기통을 붙잡고 잠들기도 했다고 한다. 그런 그녀가 자신의 블로그에서 힘든 암 치료 과정 중 하나님과 씨름했던 자신의 모습을 이렇게 묘사했다.

"어떤 사람들이 하나님을 보지 못하는 이유는 더 낮게 보지 못하기 때문이라고 했다. 맞는 말이다. 더 낮은 곳을 봐야 한다. 나의 하나님은 화장실 바닥에 계신다."

숫자를 잊으면
기적이 시작된다

통계의 숫자로부터의 해방, 기적의 시작

나는 진료 중 환자가 통계 숫자에 집착하고 있는지 살핀다. 드라마에서 또 현실에서 '당신은 6개월 남았습니다'라고 실형을 언도하듯이 남은 생을 선고하는 의사들을 종종 본다. 참으로 안타까운 장면이다. 나는 진료 중 여명을 이야기할 때 절대로 숫자를 쓰지 않는다.

내 환자 한 분은 항암 치료를 잘 받다가 타 진료과에서 여명을 선고받고 불면증에 시달렸다. 물론, 특정 임상 시험의 특정 결과를 인용할 수 있다. 하지만 한 분 한 분 환자들의 상황에 맞추어 그분들의 남은 날들을 정확히 예측하는 것은 사람의 영역이 아니다. 오직 하나님만이 우리들의 남은 생을 아시리라. 나는 며칠에서 몇 주, 몇 주에서 몇 달, 몇 달에서 이삼 년 정도의 시간만을 언급한다. 특정 숫자를 언급하는 순간, 그 시간에 맞추어 이미 죽음이 찾아온 것처럼 카운트다운 하시는 분을 많이 보아 왔다.

나는 폐렴이나 혈전증 등 암의 갑작스러운 합병증으로 늘 죽음이 찾아올 수 있다는 생각으로 경제적인 준비들을 소홀히 하지 말 것을 말씀드린다. 하지만 그분들이 암을 사형 선고로, 예상 생존 기간을 사형 집행일로 받아들이고 슬픔이나 절망에 짓눌려 지내시지 않기를 간절히 바란다. 내가 숫자를 언급하지 않더라도 많은 분들이 인터넷을 통해 많이 알아보고 나서 이미 놀란 상태로 나와 만난다. 나는 그들에게 단호히 말씀드린다.

"통계 평균치는 환자분의 숫자가 아닙니다. 진단 후 바로 돌아가신 분들과 몇 년 사신 분들이 포함된 평균치는 절대 당신의 여명이 될 수 없습니다."

나는 환자가 이것을 받아들이는 것이 하나님이 일하실 공간을 만들어 드리는 중요한 일이라고 믿는다.

환자들이 듣고 싶어 하는 말은 '완치'(cure)다. 그래서 암의 병기와 예후에 관해 설명해도 중간에 완치가 가능하냐고 자주 묻는다. 진행이 많이 된 암의 경우 완치의 확률은 매우 낮다. 그래도 내가 안 쓰는 단어는 '절대' 또는 '불가능'이다.

의학은 확률의 학문이다. 답이 정확히 떨어지는 수학이 아니다. 의학은 늘 불확실성을 다룬다. 내 경험상 논문과 교과서에서 말한 내용이 실제 진료실에서 이루어지지 않는 것들을 종종 본다. 소위 말하는 '기적' 같은 의료 상황도 본다. 지쳐서 치료를 멈추었는데, 암도 그대로 멈추어 버려 기적처럼 일상을 회복하는 환자들이 있다. 나뿐만 아니라 많은 의사들이 의학으로 잘 설명되지 않는 사례들을 이야기할 수 있을 것이다. 그래서 나는 '완치 불가능'(incurable)이라는 단어를 환자와의 대화 중 쓰지 않는다. 대신 '완치가 어려운 상황'이라고 표현한다. 나아가 삶을 연장하는 치료가 가능하다(treatable)고 말한다. 이 '치료 가능'이라는 단어만으로도 많은 환자가 기뻐하는 모습을 자주 본다.

어떤 분들은 의사가 자기가 몇 개월 후에 죽는 것을 기정사실로 못 박고 진료를 보는 것이 참을 수 없이 힘들었다고 말했다. 의사로서 환자에게 기적이라는 단어를 쓰기가 사실 참 힘들다.

내가 휴스턴에 있을 때 다니던 교회 사모님을 종종 진료실에서 뵈었다. 그 당시 5년 이상 생존 확률이 거의 없는 전신에 퍼진 암으로 17년째 치료받고 계셨다. 그러면서도 아침마다 조깅하신다고 했던 것이 기억에 남는다. 내가 휴스턴을 떠나고도 5년을 더 사셨다고 들었다. 정말 감사하게도 내 진료실에는 다른 병원에서 호스피스로 가시라는 말을 듣고, 나를 찾아온 환자들 중에서 몇 년 동안 잘 치료받는 분들이 많다.

나는 중보 기도의 능력을 믿는다. 하나님이 허락하시는 치유의 기적을 믿는다. 솔직히 나 자신이 의사로서 통계 수치를 통해 그 병이 얼마나 치료하기 어려운 병인지 알기 때문에 때로는 그 믿음을 가지기가 어려움을 고백한다. 하지만 우리의 생명은 하나님의 주권 안에 있기 때문에 마지막까지 치유와 회복을 위해 기도하는 것을 하나님이 기뻐하실 것이라 생각한다. 다윗 역시 죽을병에 걸린 밧세바와 낳은 자기 자식을 위해 죽는 순간까지 간절히 살려 달라고 기도했다. 병이 치유되거나 안 되거나 하는 것은 하나님의 영역이지만 적어도 나의 부족한 믿음 때문에 하나님이 베푸실 기적이 막히지 않기를 원한다.

내 환자를 위해 주님께 떼쓰고 싶다

예수님은 혈루증 환자에게 완치의 기적을 허락하시며 "네 믿음이 너를 구원했다"고 말씀하셨다. 이렇듯 환자의 믿음이 중요하다. 하지만 지붕을 뚫고 중풍 환자를 예수님 앞으로 데려온 네 친구의 경우에는 예수님이 그들의 믿음을 보시고 기적을 행하셨다.

나는 내 환자들에게 이러한 친구가 되고 싶다. 내 환자들을 예수님 앞에 올려 드리며 제 믿음을 보시고 기적을 행해 달라고 간구하는 친구가 되고 싶다. 예수님이 수로보니게 출신 여인의 딸을 고치실 때도 어머니의 믿음을 칭찬하시며, "네가 바라는 대로 될 것"이라고 말씀해 주셨다. 이 여인이 딸을 위해 주님 앞에서 모든 자존심을 내려놓고 간청하듯 나 역시 주님 앞에서 떼쓰고 싶다. 나는 내가 배운 의학적 지식을 통해 환자들의 여명이 몇 개월밖에 남지 않았다고 말할지라도 주님이 일하실 공간을 늘 만들어 드리고 싶다. "할 수 있거든 고쳐 주시옵소서"라고 겸손히 기도해도 예수님은 우리에게 말씀하신다. "할 수 있거든이 무슨 말이냐 믿는 자에게는 능히 하지 못할 일이 없느니라"(막 9:23)라고.

중풍 환자의 이야기에 또 다른 놀라운 진리가 있다. 네 친구는 분명 친구의 육체 회복을 위해 간구했지만, 예수님은 먼저 "네 죄 사함을 받았느니라"(마 9:2)라고 선포하셨다. 그리고 나서 덤으로 중풍을 치유해 주셨다. 여기서 나는 다시 또 병들어 죽을, 썩어 없어질 육체보다 죄 사함을 통해 영원한 생명을 우리에게 주길 원하시는 하나님의 사랑

의 마음을 보았다. 내가 내 환자의 질병 치유를 위해 기도
하는 친구의 자리로 나아갈 때, 영혼과 육체 모두 구원하
시기를 기뻐하시는 예수님을 바라본다. 그래서 내 진료실
은 나에게 선교지다.

수용: 십자가에는 기적이 없다

나는 "십자가에는 기적이 없다"는 말을 정말 사랑한다. 예수님조차 십자가에서는 내려오실 수 없었다. 기적을 바라면서 상황이 호전되기를 기대하며 기도하지만, 기적은커녕 상황이 더욱 악화할 때면 이 말처럼 위로가 되는 말이 없다. 예수님을 믿는다는 것은 예수님의 고난에 동참하는 것이요, 남은 고난을 채우는 일인지도 모른다. 십자가라는 사명의 길, 고난의 길을 걸을 때는 기적이 일어나지 않을 수 있다. 그래서 그 길을 동행해 주시는 예수님을 바라보아야 한다.

많은 경우, 우리는 질병을 하나님의 연단으로 이해한다. 보통 연단 후에 주어지는 두 가지 상급이 있다고 말한다. 세상의 면류관과 천국의 면류관이다. 다니엘은 열심히 기도했더니 사자 굴에 들어갔고, 모르드개는 하나님만 찬양했더니 사형을 언도받았다. 요셉은 육체의 시험을 이겨 냈더니 감옥에 들어갔고, 욥은 하나님을 진심으로 경외했더니 온 가족이 몰살당했고 사업이 망했으며 자신은 몹쓸 피부병에 걸렸다. 그런데 신실하신 하나님이 연단의 시간이 지난 후에 이 모든 부당함을 보상해 주시고, 더욱더 그들을 높여 주셨다. 이것은 세상의 면류관이다.

그런가 하면, 베드로와 바울은 열심히 전도했더니 돌에 맞았고 끝내 죽임까지 당했다. 베드로가 한창 삼천 명씩 한꺼번에 전도하며 제자들의 리더가 되었을 때, 요한은 혼자 예수님의 어머니를 모시며 조용히 살다가 유배되어 섬에서 죽었다. 세례 요한은 제자들의 간절한 기도에도 불구하고 목이 잘렸고, 다윗의 신실한 친구 요나단은 전장에서 비참하게 죽었다. 세상의 관점에서 보면, 이들은 과연 하나님이 계신가 의심되는 죽음을 맞았다. 그들에게는 세상의 면류관이 없었다. 대신 천국의 면류관을 받았다.

예수님이 십자가의 죽음을 받아들이셨다는 사실을 기억해야 한다. 고난을 없애지 않으시고, 그대로 안고 가게 하시는 것은 하나님의 섭리다. 유독 십자가에 기적이 없는 것은 십자가를 지는 것이 주님의 뜻이기 때문이다.

한때 나는 모든 연단이 나중에 하나님께 더 크게 쓰임 받기 위한 시간이라고 생각했었다. 그러나 그 생각이 잘못이라는 것을 이제는 안다. 하나님은 내 연단을 다른 곳에 사용하시지 않을 수도 있다. 어쩌면 연단을 견디는 것, 그 자체가 우리 상급이 아닐까?

세상의 면류관을 얻으면 감사할 것이요, 얻지 못하더라도 우리의 모든 수고를 아시고 보상으로 주실 천국의 면류관에 미리 감사하고 싶다. 연단 중에 결과와 관계없이 '하박국의 감사 기도'를 올려 드리고 싶다. 병원에서 나에게 일어나는 온갖 어려움과 부당한 일을 통해 내가 더욱더 성숙한 사람으로 성장하기를 원하시는 주님을 생각한다. 때로는 사서 고생한다는 생각이 들 때도 있지만, 자기 십자가를 지고 따르라고 하신 주님의 말씀을 기억한다.

사실, 하나님은 내가 필요 없으시다. 하나님은 나 없이도 천지창조를 하셨고, 지금이라도 천사들을 보내어 사람들을 다 믿게 하실 수 있는 분이다. 그분이 내게 연단을 주시는 것은 오직 내가 잘되게 하기 위함이다. 나는 하나님은 "하나님께 나아가는 자는 반드시 그가 계신 것과 또한 그가 자기를 찾는 자들에게 상 주시는 이심을"(히 11:6) 믿고, 우리의 수고만큼 풍성한 상급을 알아서 준비해 주시는 분임을 믿는다.

애통과 소망으로
함께하기

팬데믹과 함께 울다

내가 사는 시카고 땅에는 2020년 봄에 코로나바이러스가 상륙했다. 이 바이러스 감염의 합병증으로 내 환자들과 암센터 동료 직원분도 돌아가셨다. 그 당시 우리 병원의 전임의들도 코로나 병동 전담의로 일해야 하는 비상 상황이었다. 이 초유의 상황 속에서 나는 하나님께 이 상황을 어떻게 이해해야 하는지 묻기 시작했다.

코로나19 팬데믹이라는 사태를 신앙 안에서 어떻게 이해해야 할까? 팬데믹 역시 '하나님의 뜻'의 하나일까? 어쩌면 지혜로운 대답보다 지혜로운 질문이 중요할 것이다. 팬데믹까지 가지 않더라도 질병, 더 나아가 고통을 성경은 어떻게 보는가에 대해 먼저 알고 싶어졌다. 나는 질병으로 고통받는 환자들 앞에서 하나님께 '왜' 이 사람에게 이 질병을 허락하셨는지 종종 묻는다. 하나님은 고통을, 질병을 허락(allow)하실 수 있을지 몰라도 일부러 일으키지(cause)는 않으시리라. 성경은 하나님이 인간의 고통(suffering)을 즐거워하지 않으신다고 말한다.

로마서 8장 22절 말씀처럼 모든 피조물이 탄식하며 함께 해산의 고통을 겪고 있는 것(groaning as in the pains of childbirth)에서 질병을 이해할 수 있지 않을까? 그런 의미에서 질병은 모든 인간과 피조물의 탄식이며 새 하늘, 새 땅, 새 육체와 부활에 대한 기대이다. 사람들이 날 때부터 맹인인 사람에 대해 예수님께 질문한다. 내가 꼭 하고 싶었던 질문이다. 그가 보지 못함이 본인의 죄 때문인지, 부모의 죄 때문인지 묻는다. 예수님은 놀랍게도 "이 사람이나 그 부모의 죄로 인한 것이 아니라 그에게서 하나님의 하시는 일을 나타내고자 하심이라"(요 9:3)라고 대답하셨다.

질병은 죄의 결과가 아니다. 예수님이 그 맹인의 눈을 뜨게 하심으로써 하나님의 영광이 증거되었다. '과거지향적'이 아닌 '미래지향적'인 질병의 이해다. 현재 우리가 정확히 이해하지 못하는 이유로 특정 질병으로 고통받고 있다면 주님을 의지할 때 하나님의 영광이 나를 통해, 그 환자를 통해 드러날 수 있다는 뜻이다.

사실, 팬데믹을 통해 하나님이 특별히 뜻하신 바가 있다고 말하는 것 자체가 매우 위험한 일일 수 있다. 팬데믹은 모든 사람이 걸리게 될 수 있는 전염병이다. 그래서 팬데믹을 통한 하나님의 뜻을 이야기할 때 전 인류를 향한 하나님의 경고로 오해할 소지가 있다.

전신 화상을 당했던 《지선아 사랑해》의 저자 이지선 씨와 낙상 사고로 하반신 마비 장애를 갖게 된 〈위라클〉 채널 유튜버 박위 씨 모두 교통사고 후에 받은 감사의 은혜가 커서 사고 전으로 돌아가고 싶지 않다는 놀라운 고백을 했다. 그만큼 그 깨달음이 특별하다는 뜻이리라. 하지만 여기서 이 끔찍한 교통사고 자체를 하나님의 은혜의 통로로 일반화할 수는 없다.

하나님의 뜻은 많은 경우 지극히 '개인적인 깨달음'을 통해 드러난다. 만약 팬데믹을 하나님의 '계시'로 이해한다면, 팬데믹의 파괴성 그 자체로 '폭력적 계시'가 된다. 홀로코스트나 쓰나미가 하나님의 계시가 될 수 없는 이유와 같다. 케이트 보울러(Kate Bowler)는 자신의 책 제목을 《모든 일에는 이유가 있어 그리고 내가 사랑한 거짓말들》(Everything Happens for a Reason: And Other Lies I've Loved)이라고 정했다. 우리가 '투병'이라는 가장 어려운 상황에 처한 사람(the most vulnerable)에게 지금 당신이 당한 일에는 이유가 있다고 말하는 것은 가장 잔인한 폭력이 될 수 있다고 저자는 이야기한다. 나 역시 과거에 이러한 뼈아픈 말실수를 한 적이 있다. 율법적 신앙 속에서는 모든 것이 하나님의 뜻으로 읽힌다. 그리고 종종 그 질병과 고통 중에 있는 사람에 대한 '긍휼'이 하나님의 뜻 그 자체임을 망각한다.

백번 양보해서 만약에 정말 팬데믹이 '하나님의 계시'라면 과연 하나님은 어떤 말씀을 하고 싶으신 것일까? 두 가지 상상을 해 보았다. 하나는 팬데믹은 하나님으로부터 멀어진 사람들에 대한 심판이라는 생각이다. 그러나 예수님은 매일 자기 죄를 회개하고, 하나님 나라가 이 땅에 올 것을 위해 기도하라고 가르쳐 주셨다. 회개는 특별한 질병이 인류에게 임했기 때문에 하는 것이 아니다.

팬데믹과 함께 울다 2

마태복음 21장 33-39절에는 포도원의 악한 소작인 이야기(The Parable of the Tenants)가 나온다. 소작인들이 멀리 떠나 있는 주인의 몫을 챙기기는커녕, 주인이 보낸 모든 종을 죽이고 주인의 상속자인 아들마저 죽인다는 황당한 이야기다. 이 이야기에서 상속자의 아들은 예수님을 상징한다. 톰 라이트(N. T. Wright)는 그의 책 《하나님과 팬데믹》(God and the Pandemic)에서 이 이야기의 핵심은 우리에게 보내 주신 회개와 심판의 '마지막 메신저'는 예수님 한 분뿐이라고 이야기한다.

또 하나는 팬데믹을 '부흥의 초석'으로 보는 생각이다. 물론, 하나님은 팬데믹을 통해 더 큰 부흥을 일어나게 하실 수 있다. 그러나 부흥을 위해서 일부러 팬데믹을 허락하셨다는 시각은 하나님이 한국전쟁을 남한의 부흥을 위해 일으키셨거나, 홀로코스트를 이스라엘 국가를 건립하기 위해 허용했다고 해석하는 것과도 비슷하다.

그래서 '계시'나 '하나님의 뜻'이라는 단어는 어떠한 뉘앙스(nuance)에서, 어떠한 맥락(context)에서 사용하느냐가 중요하다. 나는 '뉘앙스가 전부'(Nuance is everything)라는 말을 좋아한다. 하나님의 뜻은 보통 지금 당장 알 수 없다. 많은 경우 후향적(retrospective)으로 발견된다. 그리고 더 많은 경우 나중에도 알 수 없다.

나는 팬데믹을 '애통'과 '소망'의 틀로 해석하고 싶다. 나는 이 세상이 마지막이 아님을 알고 부활의 '소망'으로 산다. 하지만 피조물이 탄식하듯이 어마어마한 무게로 다가오는 질병과 고통 속에서 울고 있는 사람들과 함께 '애통'한다. 죽은 나사로에게 생명을 주시는 '소망'의 예수님 역시 나사로를 사랑하는 사람들과 함께 '애통'했다. 불안과 소망은 공존할 수 없다. 하지만 슬픔과 소망은 공존할 수 있다. 불안은 누구도 믿고 의지할 수 없기 때문에 소망할 수 없다. 그러나 애통하는 가운데서도 우리는 하나님을 의지할 수 있기에 소망을 이야기할 수 있다. 예수님은 "애통하는 자는 복이 있나니 그들이 위로를 받을 것임이요"(마 5:4)라고 말씀하셨다.

신앙은 내공이 아니라 태도이다. 내공은 쌓을수록 높아지고 경지에 오르면 그야말로 '멘탈 갑'(tough cookie)이 된다. 하지만 신앙은 갈수록 겸손해진다. 예수님이 인간이 되어 세상에 오신 가장 큰 낮추심을 본받는 것이다. 나는 신앙이 깊어지면 걸어가다가 뛰어가게 되고, 뛰어가다가 날아가게 될 것으로 믿은 적이 있다. 그래서 어느 경지에 도달하면 웬만한 고난은 고난도 아니고, 늘 복음 때문에 기뻐할 수 있을 줄 알았다. 그런데 이제는 고백한다. 신앙은 지금도 앞으로도 예수님의 손을 꼭 붙잡고 계속 기어가는 것이라고. 예수님과 함께 울면서 기어라도 갈 수 있게 해 주시는 것이 은혜라고.

하나님이 기뻐하시는 애통은 내 환자가 아픈 것, 우리 지역 사회 사람들이, 전 세계 사람들이 전염병으로 고통받는 것이 남의 일 같지 않고 내 일처럼 마음이 아픈 것이지 않을까? 나는 내 고통에 공감해 주시는 예수님 덕분에 위로를 얻고 힘을 낸다. 하지만 내가 아닌 다른 이웃의 질병과 고통 때문에, 팬데믹 때문에 울고 계신 주님의 눈물을 잊을 때가 많다. '하나님이 내 아픔을 공감하시네'(He shares my pain)의 은혜에 머무르지 않고 '나는 하나님의 아픔에 공감하네'(I share His pain)의 차원으로 넘어가야 하지 않을까? '땅에서 하늘을 보며 하는 기도'에서 '하늘에서 땅을 보며 애통하는 기도'를 해야 할 때다.

요나서 1장 2절에서 하나님은 요나에게 "너는 일어나 저 큰 성읍 니느웨로 가서 그것을 향하여 외치라(cry)"고 말씀하신다. 하나님은 죄악에 빠진 십이만 니느웨 사람들을 생각하며 애통해하셨고, 요나 역시 그 애통함으로 부르짖기를 원하셨다. 물론 요나는 이스라엘의 원수 된 니느웨의 회개를 기뻐하지 않았다. 요나는 니느웨 백성의 구원에는 관심이 없었다. 오히려 시원한 그늘을 제공하던 박넝쿨이 말라 죽자 분노한다. 한 민족의 고통보다 내가 조금 불편한 것을 못 참는 나의 모습과 닮았다. 신기하게도 요나서는 욥기처럼 회개의 고백으로 끝나지 않는다. 나의 니느웨를 '하나님의 애통'으로 만나는 것이 내가 나의 요나서를 완성하는 일이다. 펜실베이니아주에 있는 '빛과 소리 극장'(Sight & Sound Theater)에서 만든 창작 뮤지컬 〈요나〉는 요나가 하나님의 '애통'을 자기의 '애통'으로 받아들이고 함께 우는(cry) 모습으로 마무리한다. 이런 의미에서 애통은 자기 중심성의 탈피다.

예루살렘에 큰 기근이 들었을 때, 안디옥교회는 예루살렘 교회를 돕는다(행 11:28-30). 톰 라이트가 지적했듯이 이 상황에서 교회는 이 기근이 어떤 하나님의 뜻인지, 왜 일어났는지보다, 누가 도움이 필요하고, 어떤 도움을 보낼 것이고, 누구를 그 땅으로 보낼 것인지에 초점을 맞춘다. 마찬가지로 팬데믹의 시기에 이 전염병에 누가 가장 고위험군인지, 우리가 어떤 도움을 구체적으로 줄 수 있는지, 어떻게 따뜻한 격려와 위로의 한마디를 나눌 수 있는지 고민하는 것이 성경적인 반응이 아닐까?

나는 우리 암센터의 간호사들을 보면서 참 많이 배운다. 코로나 사태로 모두가 지쳐 있을 때도 내 환자가 부작용 없이 의미 있는 치료 이정표(milestone)에 이른 날을 축하하기 위해 우리 팀은 손수 수료증을 만들고 수여식을 하며 환자와 함께 진심으로 기뻐했다. 항암 치료 중 디즈니월드에서 마지막 결혼기념일을 지내게 될 꿈으로 부풀어 있던 한 환자는 코로나 사태로 여행을 취소할 수밖에 없게 되어 우울해했다. 그러자 우리 간호사들이 항암 주사실을 디즈니월드 사진으로 꾸며서 결혼기념일을 함께 축하해 주었다.

애통하지만 소망 가운데 힘을 얻는 삶을 양극성 삶(bipolar life)이라 부를 수 있지 않을까? "즐거워하는 자들과 함께 즐거워하고 우는 자들과 함께 울라"(롬 12:15)는 로마서 12장 말씀이 육신이 된 삶이다. 완치를 내 일처럼 기뻐하면서 질병으로 인한 고통과 죽음 앞에서는 내 일처럼 애통해하는 삶이다. 나는 이렇게 애통과 소망으로 팬데믹의 시대를 통과하기를 원한다.

완주할 때까지
제가 함께해 드릴게요

완주를 향한 소망

투병이라는 말이 의미하듯이 많은 이들이 암을 싸움의 대상으로 본다. 싸움에는 승자와 패자가 있기 마련이다. 내가 이기든지 암이 이기든지 둘 중 하나라는 틀이다. 이 비유에 의하면, 투병 중에 죽음은 암과의 싸움에서 패배한 것이다. 하지만 우리 삶은 암이 아니어도 이런저런 사고나 또 다른 질환으로 마지막을 맞이하게 된다. 우리의 긴 인생 중 암은 작은 한 부분을 차지할 뿐이다.

그래서 나는 완주의 비유를 더 좋아한다. 인생은 마라톤이라면 삶의 마지막 순간이 마라톤을 완주하는 날이다. 물론, 그 코스의 길이와 난이도는 각자 너무나 다르다. 하지만 어떠한 항암 치료 과정을 거치더라도 모든 이가 완주한다는 점은 같다.

암 연구에 전투의 비유를 쓰는 것은 나쁘지 않다. 모교인 서울대학교 의과대학 암 연구 건물의 이름은 암 정복동이다. 암은 연구를 통해 정복되어야 할 질병인 것이 맞다. 면역 치료의 발전, 맞춤치료의 진전 등 암과의 전쟁에서 우리는 소규모의 전투에서 승리를 거두고 있다. 이 전투를 이끄는 지휘관으로서의 삶이 암 연구자로서의 내 삶이라고 생각한다. 작은 승리들을 볼 때마다 기쁨과 보람도 있다.

'환자는 실패하지 않는다(Patient never fails)'라는 말을 나는 제자들에게 자주 해 준다. 병원에서 환자가 치료에 실패했다는 표현을 우리는 종종 쓰기 때문이다. 환자의 몸 안에 있는 암이 치료에 반응을 보이는 데 실패했다는 것이 정확한 표현이다. 치료에 실패한 환자라는 표현을 자주 쓰다 보면 의료진과 환자 모두 그 말이 주는 패배주의적 사고에 젖기 마련이다. 환자는 치료 과정이라는 마라톤에서 난코스들을 통과하고 있는 것뿐이다.

나는 의사로서 항상 최상의 결과를 보장해 드리지 못해서 안타깝지만, 통과하는 모든 길의 길목에서 함께 뛰면서 응원해 줄 수 있다. 그래서 환자의 모든 첫 만남의 내 마지막 멘트는 항상 같다. "이 길이 어려울지 모르지만, 제가 가까이서 함께해 드리겠습니다(I will work very closely with you)."

어려움을 제거해 준다는 보장이 아닌 함께해 드린다는 마음을 전한다.

박영호 목사님의 《다시 만나는 교회》에 나오는 내용이다. 남자가 흔히 여자에게 청혼하면서 "당신 눈에서 눈물 흘리지 않게 해 줄게"라고 말한다. 하지만 그보다 "절대로 혼자 울지 않게 해 줄게"라고 고쳐 말할 수 있다. 아내가 아파할 때 함께 울어 줄 수만 있어도 좋은 남편이다. 마찬가지로 힘든 치료의 여정에서 지칠 때 따뜻한 응원을 해 주는 좋은 가족과 의료진이 있다면 아름다운 완주가 될 수 있지 않을까?

카운트다운의 설렘을 알면
－

故 안수현 선생님의 《그 청년 바보의사》에서 선생님이 백혈병 환자에게 했던 이야기를 요즘도 종종 떠올린다.

"선생님의 병을 낫게 하실 분은 하나님이십니다. 제가 기도하는 것은 병이 낫는 것보다 선생님이 주어진 곡을 최선을 다해 연주하고 나서, 성도들과 천사들의 우레와 같은 갈채를 받으며 무대에서 내려가는 것입니다."

삶의 여정을 완주할 때, 나는 어떤 모습일까? 치료 성적 하나하나에 일희일비할 수 있지만, 선물처럼 주어진 내 삶의 마지막 순간을 그려 보며 준비하는 것이 중요하지 않을까? 기적을 바라고 기도하는 것이 귀하지만, 십자가에는 기적이 없듯이 썩어질 육체가 아닌 나를 다시 살리실 예수님께 초점을 맞추고 싶다. 기적이 일어나지 않을 때는 서운할 수 있다. 한 보호자는 환자를 위해 기도하겠다는 내 말에 "기도보다 실질적인 도움이 되어 주세요"라고 응수했다. 얼마나 힘들고 또 서운했을까 생각해 본다.

예수님도 당신의 생애 마지막 날 서운하셨을 것이라 상상해 보았다. 제자들이 자기를 배신하고 다 떠나고 멀리서 바라보았지만 아무도 자기를 도우러 나서지 않았다. 아버지 하나님께 이 잔을 옮겨 달라고 하셨지만, 아버지는 묵묵부답이었다. 채찍에 맞아 십자가를 질 기운도 없었다. 하지만 예수님은 자신이 이 땅에 오신 이유에 집중하셨다. 우리 죄를 대신 사하여 주시고, 영원한 생명을 선물해 주시기 위함이었다. 그러기 위해서 십자가에서의 죽음이라는 임무를 완수해야 함을 가장 잘 알고 계셨다.

그래서 그 서운함을 이기시고 오히려 설렘을 가지고 십자가가 기다리는 골고다 언덕을 오르시지 않았을까 하는 전혀 다른 묵상을 한다. 지금까지 일하신 모든 것이 이 십자가의 죽음이라는 클라이맥스를 향한 과정이었다. 십자가의 순간을 향해 카운트다운이 시작되었다. 예수님 삶의 경주에서 마지막 스퍼트를 할 때였다. 그가 태어나신 목적을 달성하는 영광의 순간이었다.

그 카운트다운의 설렘이 내 삶의 마지막 순간에도 있기를 소망한다. 하나님이 나에게 주신 인생의 사명을 완수하는 그 완주의 마지막 순간을 설렘으로 맞이하고 싶다. 환자들 역시 삶을 아름답게 완주하기를 바라며 기도한다.

완주하기까지 힘겹게 길을 걷는 환자들의 마음을 응원하고 축하하기 위해 나와 팀원들은 그들을 위한 상장을 만든다. 이것이 일회성에 그치지 않고 환자를 격려하는 아름답고 창조적인 문화로 자리 잡게끔 하기 위해 '페이스메이커스(pacemakers) 운동'을 시작하였고, 지금도 이어 나가고 있다(www.pacemakerstogether.org). 이 운동의 이름 그대로 나는 내 환자들의 페이스메이커가 되어 그들이 항암 치료라는 마라톤에서 당신의 달리기 속도, 즉 페이스에 맞게 뛸 수 있도록 그 곁에서 함께하고 싶다.

이 운동의 일환으로 환자들, 그들의 가족, 의료진을 인터뷰함으로 그들의 소중한 이야기들을 유튜브 〈pacemakers〉 채널을 통해 함께 나누고 있다. 지금도 힘든 치료 여정에 계신 분들의 완주를 응원하는 상장을 이렇게 만들어 보았다.

한국식 상장

미국식 상장

비비안 상장 수여식

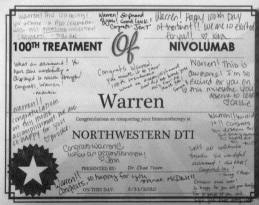

워렌 상장 수여식

하루는 악성 중피종(mesothelioma)으로 항암 치료 중인 환자가 얼굴에 환한 미소를 띠고 왔다. 무슨 좋은 일이 있으시냐고 물었다. 그는 자신이 지금은 치료 중이지만, 얼마 후에는 기력이 쇠할 것이고 죽음이 멀지 않을 수 있기 때문에 최근에 자기 장례식에 대해 자주 생각하곤 한다고 말했다. 많은 사람들이 순전히 자기 때문에 먼 곳에서부터 장례식에 참석할 것을 생각하니 그때 자기가 살아서 그들을 맞이하지 못하는 것이 속상하다고 했다. 그들이 모여서 자기를 추억하고 자기 이야기를 할 것이지만, 정작 그곳에 자기는 없을 것이므로 우울해졌지만, 이내 생각을 고치기로 마음먹었다고 했다. 장례식을 미리 하는 셈 치고 자기가 사랑하는 모든 이들에게 '장례식 전야제' 파티 초대장을 보내고 있다고 했다. 자신의 죽음을 '애도하는 장례식'이 아니라 지금까지 자신이 잘 살아왔고 오늘도 살아 있음을 함께 기뻐하고 축하하는 '생명의 파티'를 신나게 기획하고 있다고 했다.

그분과의 대화는 지금(present)을 선물(present)처럼 받아들이고 함께 기뻐함의 중요성을 새삼 깨닫게 했다. "죽을 것이 생명에게 삼킨 바"(고후 5:4) 되었다는 성경 말씀이 생각났다. 우리 육체의 사망 이후 주어지는 새로운 생명 이상으로 오늘을 영원처럼 기쁨으로 살아가는 것이 아름다운 완주의 모습이 아닐까 생각한다.

페이스메이커(Pacemaker)

(부제: 세상의 모든 환자들을 응원하며)

채영광

얼마나 힘드셨어요?
정말 어려운 상황이네요
이 상황을 원치 않으신다는 것
잘 압니다

얼마나 힘드셨어요?
상심이 크시겠어요
이 상황이 주는 고통을
저는 상상도 못하겠어요

얼마나 힘드세요?
식사는 잘하고 계세요?
잠은 어떻게 주무세요?
숨은 잘 쉬어지세요?

얼마나 힘드세요?
불확실한 미래 때문에
기약 없는 회복 때문에
부담 될까 걱정 때문에

이제 안심하세요

마지막까지 페이스메이커가 되어 드릴게요

같이 뛰어 드릴게요

같이 걸어 드릴게요

당신의 마라톤이

나의 마라톤입니다

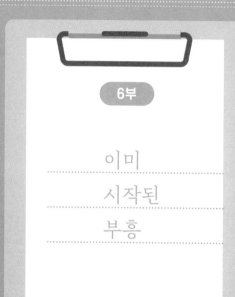

6부

이미

시작된

부흥

나를 떠나소서

하나님을 사랑하게 되면서부터 내 죄가 내 눈에 더 많이 보이기 시작했다. 내 인격의 바닥을 보게 되었다. 하나님은 몰랐으면 하는 죄들이 생각날 때면 참 괴로웠다. 흠이 없으신 하나님 앞에서 내 존재가 한없이 작게 느껴졌다. 노래 〈애모〉의 가사, "그대 앞에만 서면 나는 왜 작아지는가"처럼, 사랑하는 이 앞에서는 사람이 초라하게 느껴지는 것이 정상이다. 하물며 하나님 앞에서는 몸 둘 바 모르게 될 수밖에 없지 않을까? 성령님이 내 양심을 조명하시면 영락없이 벌거벗겨진 심정이 되었다.

　이 마음이 성경 말씀, "내 마음이 산란하며 내 양심이 찔렸나이다 내가 이같이 우매 무지함으로 주 앞에 짐승이오

나"(시 73:21-22)에 잘 표현되어 있다. 다니엘이 하나님께 했던 말, "내 주여 이 환상으로 말미암아 근심이 내게 더하므로 내가 힘이 없어졌나이다"(단 10:16) 역시 비슷한 맥락이다. 베드로 역시 예수님의 말씀에 순종하여 배가 물고기로 가득 차게 됨을 보고 예수님이 메시아이심을 알게 되었을 때, 의외의 반응을 보인다. 계속 예수님께 자기와 있어 달라는 게 아니라 오히려 예수님의 무릎 아래에 엎드려 "주여 나를 떠나소서 나는 죄인이로소이다"(눅 5:8)라고 말한다. '당신은 나에게 과분합니다(I am not worthy of you)'라는 마음을 베드로는 '나를 떠나소서'라는 말로 표현하지 않았을까?

나는 〈이번 생은 처음이라〉라는 드라마를 좋아한다. 여자 주인공 지호는 집세를 절약하기 위해 남자 주인공 세희와 계약 결혼을 한다. 하지만 나중에 세희를 진심으로 좋아하게 된다. 결국, 지호는 세희에게 자신이 이 결혼을 파기할 것임을 통보한다. 진정한 사랑으로 시작한 결혼이 아니기에 지호는 세호에게 역설적으로 '당신이 나에게는 과분하니 나를 떠나소서'라고 말하고 있는 것이다.

하나님과 나의 관계도 비슷하지 않을까? 처음에 나는 불순한 동기로 하나님이 나에게 빚진 것처럼 이것 해 달라 저것 해 달라며 하나님께 다가갔다. 하지만 내가 하나님을 전심으로 사랑하게 되자 '나는 하나님의 은혜를 입을 자격이 없다(I do not deserve God)'는 생각이 들었다. 시편 8편 4절 말씀, "사람이 무엇이기에 주께서 그를 생각하시며 인자가 무엇이기에 주께서 그를 돌보시나이까" 역시 자격 없는 자에게 주어진 과분한 은혜를 이야기하고 있다.

하나님 앞에서 한없이 작아지는 겸손, 이 '가난한 마음'이 없이는 나에게 소망이 없다. 이 마음이 생기기 전에 나에게는 비교하는 습관이 있었다. 나보다 못한 사람을 보고 우쭐해하고, 나보다 잘난 사람을 보고는 우울해했다.

비교의 배후에는 '자기 사랑'이 있었다. 나보다 잘난 사람과 나를 비교하여 열등감과 좌절감에 빠질 때, 나의 기준에 미달하는 사람과 나를 비교하여 우월감과 교만함을 느낄 때 모두 초점은 오직 나에게 있다. 의식적이든 무의식적이든 나는 내가 만들어 놓은 기준에 의해 타인과 나 자신을 판단했다. 내가 이 정도는 대접받아야 하는데, 적어도 이 정도는 갖추어져야 하는데, 그 기대치가 충족되지 못해서 우울해지기도 했다.

내가 우쭐한 것은 내 기준으로 볼 때, 내가 남보다 특정한 부분에서 낫기 때문이었다. 나 정도 되면, 아무리 못해도 이 정도는 누려야 한다는 생각, 세상은 나를 함부로 무시해서는 안 된다는 생각, 나는 남들에게 이 정도 인정은 받아야 한다는 생각, 그리고 내가 고생한 것을 남들이 알아 주어야 한다는 생각 등등, 나는 내가 설정한 자기애적인 틀 안에서 살고 있었다.

하나님보다 나 자신을 더 사랑하는 것, 이것을 성경은 죄라고 말한다. 자기 숭배(self-idolatry)다. 나는 이 죄를 회개해야 함을 알게 되었다. 내가 온전해질 수 있는 유일한 길은 그리스도와 함께 내 자아가 십자가에 못 박혀 죽는 것이다. 시체는 흥분하지 않는다. 시체는 상처받지 않는다. 성경은 시간이 갈수록 사람들이 자기를 더 사랑하고 하나님을 멀리한다고 증거한다. 내가 중요해질수록 예수님의 자리가 없어진다. 예수님이 초라해진다. 질그릇 안에 보화, 그리스도의 빛이 사라진다.

나는 이제 나 중심의 삶(I- centered Life)이 아닌 그리스도 중심의 삶(Christ-centered Life)을 꿈꾼다. 내 자아가 시퍼렇게 살아 있는 한 그리스도의 꿈이 설 자리는 없다. 내 상처를 묵상하면, 남는 것은 우울증과 화병이다. 그래서 나의 문제에 골몰하기보다 남의 문제 풀기에 열중하고 싶다. 내가 공부할 것 다하고, 돈 벌 것 다 벌고 나서 섬기겠다는 생각을 포기했다. 하나님과 이웃을 위하는 삶은 내가 속한 가정, 학교, 직장에서 현재 진행형이다.

《허그》(Hug: Life without limits)의 저자 닉 부이치치는 해표

지증이라는 선천성 사지말단의 절망적인 상황 앞에서 좌절하지 않을 수 없었다고 고백했다. 하지만 그는 그 상황 속에서 만난 하나님의 은혜를 증거하는 기쁨 하나로 감사히 오늘을 살고 있음을 또한 고백한다. 내가 받은 고난이 나를 통해 일하실 하나님의 계획일 수 있음을 알게 되는 순간, 즉 고난에 하나님의 선하신 주권이 작용하고 있다는 의미가 부여되는 순간, 나는 더 이상 상처를 보지 않고 그리스도를 본다. 헨리 나우웬은 자신의 고난을 통과함으로 다른 이를 돕는 사람들을 '상처 입은 치유자(wounded healer)'라고 불렀다.

나는 더 이상의 자기 연민(self-pity)을 거부한다. 냉소주의(cynicism)도 거부한다. 깨어진 마음을 붙잡고 일어난다(Stand up with a broken heart). 사람을 의지하지 않고, 하나님만을 의지한다. 사람에게 기대하지 않는다. 오히려 주를 섬기듯 그를 섬긴다.

빛 공해(light pollution)라는 말이 있다. 도시의 건물들에서 나오는 빛이 너무 많아서 밤하늘의 별을 볼 수가 없게 되는 것이다. 내 마음속 집중 조명(spotlight)들이 내가 받은 여러 가지 모양의 상처들만을 비추고 있지는 않은지 나에게 묻는다. 이제 이 조명들을 하나씩 소등한다. 그때 마땅히 빛나야 할 그리스도가 빛 가운데 드러난다.

친구 되신 하나님

내가 좋아하는 루이스(C. S. Lewis)의 책 중에 《네 가지 사랑》(The Four Loves)이라는 책이 있다. 이 책으로 독서 모임을 한 적도 있다. 이 책에서 그는 사랑을 애정(Affection), 우정(Friendship), 에로스(Eros), 그리고 자비(Charity)로 분류했다. 이 책에 '우정'을 이야기하는 공동체 챕터에 나오는 이야기가 하나 있다. C.S 루이스와 《반지의 제왕》의 작가 J.R.R 톨킨은 잉클링스(Inklings)라는 문학 클럽 멤버였다. 찰스 윌리엄스라는 친구도 이 클럽에 있었는데, 루이스는 이 책에서 이 세 명의 관계를 예로 들어 우정의 속성을 설명한다. 루이스는 오직 윌리엄스의 농담만이 톨킨의 해맑은 웃음을 자아낼 수 있다고 말했다. 그런데 윌리엄스가 암으로 세상을 떠나자 톨킨의 그 웃음도 함께 사라졌다고 슬퍼했다.

우정은 친구들끼리 함께함으로 기뻐하는 것이고, 친구가 아닌 사람과 만날 때는 경험할 수 없는 서로의 모습들을 함께 즐기는 것이다. 남녀 간의 사랑에서 볼 수 있는 배타성보다는 너그러움(generosity)을 그 두드러진 속성으로 가지고 있는 것이 우정이다. 내 안에 나도 몰랐던 나의 최고의 모습을 끄집어내 줄 수 있는(bring the best out of me) 그런 친구들이 있고 함께 교제하는 것이 얼마나 축복인가를 생각한다.

놀라운 것은 하나님이 우리를 친구처럼 여기신다는 것이다. 요한복음 15장 15절에 예수님이 "너희를 친구라 하였노니 내가 내 아버지께 들은 것을 다 너희에게 알게 하였음이라" 말씀하셨다. 누가복음 12장 4절에서는 예수님이 "내 친구 너희에게 말하노니"로 당신의 말씀을 시작하신다. 출애굽기 33장 11절은 모세에게 말씀하시는 하나님의 모습을 "사람이 자기의 친구와 이야기함 같이 여호와께서는 모세와 대면하여 말씀하시며"라고 묘사한다.

우리는 우리의 성품과 경험을 바탕으로 하나님을 만난다. 그래서 우리가 체험한 하나님의 모습과 이미지가 다 다르다. 나도 몰랐던 내 안의 최고의 모습을 자아내 주시는 하나님의 구체적 역사는 우리의 삶 속에서 다 다르게 일어난다. 그런데 우리가 서로 만나서 우리네 삶에서 살아 역사하시는 하나님을 증거할 때, 서로가 몰랐었던 하나님의 면모들을 다른 믿음의 동역자들로 보게 되는 기쁨을 누리게 된다. 마치 윌리엄스 덕분에 톨킨이 지었던 함박웃음을 루이스가 즐겼던 것처럼 말이다.

성경은 우리가 늘 모여서 서로 격려하기를 끊임없이 권면하고 있다. 이렇게 공동체 안에서 우리가 사랑하는 친구되신 하나님을 함께 더욱 깊이 알아가는 행복 가운데 루이스가 말한 네 가지 사랑 중 우정의 속성을 발견한다. 다른 형제자매의 삶에서 놀랍게 역사하는 하나님의 이야기를 들으면서 우리는 하나님의 허를 찌르는 지혜에, 당신의 섬세하고 세미한 음성에, 그리고 우리를 절대 포기하지 않으시며 우리의 아픔에 함께 아파 하시며 우시는 주님의 마음에 감동한다.

종종 우리에게 '하나님은 나보다 다른 형제자매를 더 사랑하시는 걸까?' 하는 의문이 들 때가 있다. 나의 오랜 기도에는 응답하지 않으시면서, 다른 형제자매의 기도 응답이 넘치는 간증을 들으면 마치 하나님이 그분들만 너무 사랑하시는 것 같은 생각이 들곤 한다. 즉, 자기만 하나님의 폭포수 같은 은혜에서 제외된 것 같이 느껴질 때가 있다. 이런 영적 사막을 지나는 시기에는 친구가 잘되면 배가 아프다.

《내려놓음》의 저자 이용규 선교사님이 책을 막 내시고 하나님 사랑을 전하며 말씀 사역에 바쁘실 때 역설적으로 정작 선교사님 사모님은 깊은 우울증으로 고생하셨다고 한다. 이처럼 다른 사람의 은혜로운 간증이 나에게는 전혀 은혜로 다가오지 않는 순간이 분명히 존재한다. 친구들과 이야기를 할 때도 갑자기 친구가 잘 풀린 얘기를 장시간 듣다 보면 잘난 척하는 것처럼 느껴져 짜증이 충만해지는 순간이 있는 것처럼 말이다.

아마도 이때 기억해야 할 것은 나의 친구 되신 하나님은 내 형제자매의 하나님이시기도 한 '우리 하나님'이라는 것이 아닐까? 설령 지금 이곳에서 내 삶에 하나님의 역사가 보이지 않을 때도 내 옆 형제자매의 삶에 역사하시는 하나님의 새로운 면모를 보면서 '아 나의 하나님이 이렇게 근사한 일을 행하셨구나. 참 멋진 우리 하나님이시다'라고 감탄할 수 있다면 얼마나 좋을까?

여기서 네 가지 사랑 중 '우정'의 속성을 다시금 생각한다. 나 혼자의 하나님이 아니라 내 가족, 내 친구들의 하나님이어서 이 하나님을 함께 누릴 수 있는 것이 얼마나 좋은 것인지 생각해 본다. 다른 이들과 하나님을 공유해서 마음이 불편한 것이 아니라 내 하나님일 뿐만 아니라 우리의 하나님이어서 감사할 수 있다면 타인의 성공과 축하할 일들로 매일매일이 얼마나 가슴 벅차게 기쁜 하루일지 상상해 보자. 형제나 자매가 있어서 좋은 이유는 우리가 성격이 다 다르더라도 같은 부모님을 함께 경험하고 같이 추억할 수 있어서가 아닐까? 마찬가지로 우리가 함께 하나님을 누리는 기쁨이 꺼지지 않길 소망한다. 그리고 한 발짝 나아가 내 형제자매의 삶 속에서 멋지게 역사하시는 우리의 하나님을 신뢰하며 내 삶에도 그분이 원하시는 때에 원하시는 방식으로 언제라도 더욱 멋지게 역사하실 수 있는 분이라는 기대감을 가질 수 있다면 얼마나 좋을까.

친구끼리 서로 배려하듯이 우리를 배려하시는 우리의 친구 되신, 지극히 세심하신 하나님을 묵상한다. 우리가 마음의 문을 열기 전에는 조용히 문밖에서 노크하고 기다리시는 우리 하나님을 생각한다. 주님이 말씀하셨다.

"볼지어다 내가 문밖에 서서 두드리노니 누구든지 내 음성을 듣고 내가 그에게로 들어가 그와 더불어 먹고 그는 나와 더불어 먹으리라"(계 3:20).

당신의 모든 비밀을 우리와 함께 나누시기를 원하시는 친구 되신 예수님을 묵상한다. 하나님의 사랑을 루이스가 말한 '우정'이라는 키워드로 접근할 때 만나는 은혜를 새록새록 경험하는 오늘이다.

마지막 크리스천이
나라는 생각

주님이 찾으시는 한 사람
—

상처가 치유되기 위해 그리고 관계가 회복되기 위해서 많은 사람이 필요하지 않다. 단 한 사람만 있으면 된다. 암 환자를 진료하다 보면 무례한 환자나 보호자들을 많이 만나게 된다. 생명이 위태한 상황에서 그 스트레스를 의료진에게 전가하는 분들이 있다.

한번은 한 백인 할머니 환자의 따님이 나에게 여러 가지 무례한 질문들을 했던 일이 있었다. 이런 일들이 반복해 일어나면 나도 사람인지라 마음이 지치게 된다. 그런데, 이 할머니가 다음번 진료 때 만나서 내 눈을 바라보시면서 미안하다고 우시는 것이었다. 나는 당황해서, "할머니 무슨 일이세요?"라고 물었다. 할머니는 "내 딸이 선생님께 정말 무례하게 해서 내가 너무 속이 상했어요. 선생님께 정말 많이 미안해요. 내가 마음 깊이 사과합니다"라고 말씀해 주셨다. 놀란 나는 "저는 정말 괜찮습니다"라고 답해 드렸다. 그분은 "내가 괜찮지 않아요. 그렇게 해서는 안 되었는데 내가 대신해서 선생님께 사과드립니다. 용서해 주세요"라고 말씀하셨다. 눈물을 글썽거리시면서 말씀하시는데 그분의 진심이 나에게 전해졌다.

사실, 무례한 환자들은 참 많이 만났기에 이제 어느 정도 면역이 생겼다고 생각했다. 하지만 내 마음에 나도 모르는 자괴감과 쓴 뿌리 같은 감정들이 있었던 것 같다. 그런데 이 할머니를 만나고 할머니 따님뿐 아니라 다른 모든 환자에게 대한 무례한 사건들이 다 용서되었다. 어려웠던 내 마음이 눈 녹듯 사라짐을 느꼈다. 오히려 환자들에게 내 마음을 이전보다 더욱 활짝 열 수 있게 되었다. 이 사건을 통해 '대신 사과함, 대신 용서를 구함'의 능력을 깨달았다. 마음이 치유되는데 단 한 사람의 진심이 필요하다는 것을 알게 되었다.

박광식 색소폰 연주자가 일본에서 콘서트를 마친 후 경험한 일이다. 객석에서 한 일본인 아주머니가 그를 찾아와 일본이 한국에 잘못 한 모든 일을 마치 자기 일처럼 어쩔 줄 몰라 하며 사과했다고 한다. 일본 총리도 국방부 장관도 아닌 한 아주머니의 사과였지만 그녀의 진심이 박광식 연주가에게 큰 감동으로 전해졌다. 그 후로 그는 모든 콘서트 후에 관객들에게 이렇게 고개 숙여 사과했다고 한다.

"나는 크리스천입니다. 크리스천들이 당신에게 행한 모든 무례함과 당신에게 입힌 많은 상처를 이 자리를 빌려 대신 사과드립니다."

이렇게 때론 자존심을 희생한 한 사람의 겸손하고 진실된 사과에서 틀어지고 어긋난 관계 회복이 시작됨을 믿는다. 성경도 예수님 한 분의 대표성을 이야기한다. 예수님 한 분이 세상의 죄를 대신 짊어지고 자기를 희생함으로써 하나님과 우리의 관계가 화목하게 될 수 있게 되었다.

주님이 찾으시는 한 사람이 이런 사람이구나 하는 생각이 들었다. 나 역시 그 한 사람이 되고 싶다. 특히 내 환자 대다수가 여명이 얼마 남지 않은 분들이다. 그들에게 그들 '생애 마지막 만나는 크리스천'으로서의 사명을 다하고 싶다.

이 책을 통해 암 환자들을 포함해서 모든 질병으로부터 고통 받고 있는 환자들에게, 또 보호자들에게 그 사명의 일부로 드리고 싶은 말씀이 있다.

"만약 무례하거나 무심한 의료진의 말이나 행동으로 인해 마음이 상하셨다면 제가 모든 의료진을 대신하여 당신께 진심으로 저의 깊은 사과를 드립니다. 당신의 마음이 옳습니다. 정중히 당신께 용서를 구합니다."

진행성 폐암으로 항암 치료를 시작하신 유대인 할머니 환자는 나를 만날 때마다 나에게 내가 몸 둘 바를 모를 정도로 감사를 표현해 주시곤 했다. 그분은 나를 낳아 준 나의 어머니께 꼭 자신의 감사를 전해 주라고 자주 부탁하셨다. 물론 전화로 한국에 계신 어머니께 환자의 말씀을 그대로 전해 드렸다. 어머니께서 참 많이 감동하셨다. 나에게도 특별한 감동이 있었다. 그분의 눈빛과 목소리에 진심이 묻어나서 내 눈시울이 붉어진 적도 있었다. 그러면서 존재의 근원을 찾아서 감사를 전하는 일이 참 아름답다고 생각했다. 나의 섬김을 통해 내 존재의 근원이신 하나님이 그 감사를 받으시는 것이 하나님께 영광 돌리는 삶이 아닐까 생각한다. 진심으로 용서를 구하는 한 사람처럼 진심으로 감사를 표현하는 한 사람 역시 주님이 찾으시는 한 사람일 것이다.

환자들이 자신들의 감사한 마음을 카드나 편지에 담아 종종 전해 주곤 한다. 최근에 폐암 항암 치료와 수술을 성공적으로 마친 P 환자가 보내 준 감사 편지를 보면서 다시한번 감사의 능력에 대해 생각했다. 아무것도 아닌 나를 통해 삶의 감사를 이끌어 내시는 '감사의 주인' 하나님을

더 생각하게 되었다.

"지난 월요일에 진료를 받고 당신의 진료실을 나오고 나서, 저는 충격에 빠지고 암이 없어졌다는 사실을 제대로 받아들이지 못하고 있었습니다. 누군가의 암이 이렇게 빨리 없어졌다는 사실을 들은 적이 없었기 때문에 제 마음속은 잔뜩 꼬여 있었습니다. 당신은 아마 내가 세상에서 가장 감사할 줄 모르는 사람이라고 생각했을지도 모르겠습니다. 제가 껑충껑충 뛰면서 이것이 얼마나 감사한 일인지를 소리치지 않았으니까요. 저는 당신의 진료실을 나온 지 여섯 시간이 지난 후에야 이 편지를 쓰고 있답니다. 이 믿기 어려운 소식이 이제야 마음속에 받아들여졌기 때문입니다.

제가 암에서부터 자유로워질 수 있도록 치료 계획을 세워 준 당신과 당신의 팀에게 어떻게 감사의 마음을 전해야 할지 모르겠습니다. 당신들은 진정으로 기적을 낳는 사람들입니다. 나는 내가 암에 걸렸다는 사실을 비밀로 하고 있었는데, 이제 암이 없어져 버렸습니다! 내 여동생이 나 때문에 근심하면서 보냈어야 할 여러 달의 시간을 피하게 되었습니다.

당신의 팀이 하고 있는 놀라운 일들에 대한 증언자로 내가 필요하다면 언제든지 알려 주세요. 제가 항상 여기 있겠습니다. 아홉 달 전에 당신이 내가 9월까지 암에서 자유로워질 것이라고 말했다면, 나는 아마 믿지 않았을 겁니다. 나의 생명을 살려 주셔서 정말 감사드립니다."

바후림의 축복

내가 병원과 대학에서 말도 안 되는 공격을 받을 때가 간혹 있었다. 동료 의사들, 제자들, 간호사들과의 사이에서 이런 일들이 일어났다. 나의 선의가 오해받을 때가 있었다. 무고의 원통함이 무엇인지 뼛속까지 체험했던 순간이 있었다. 큰 펀치를 맞고 현기증이 나도록 얼얼한 느낌이었던 그때 문득 든 생각이 있었다.

'이 상황을 허락하신 분도 하나님이시지 않을까? 그렇다면 하나님은 내가 어떻게 반응하기를 원하실까?'

다시는 나에게 그렇게 대하지 못하도록 그들을 꾸욱 밟아 주고 싶었다. 그렇지만 그들 역시 예수님이 생명과 바꾸신 귀한 당신의 자녀들이라는 마음이 찾아왔다. 그래서 오직 예수 때문에 참기로 결심했다. 예수의 이름으로 축복하기로 결단했다. 예수로 인해 기다리기로 했다.

바후림(Bahurim)은 다윗 왕이 자기를 죽이기 위해 추격하던 자기 아들 압살롬을 피해 도망가던 중 시므이를 만난 곳이다(삼하 16:5-13). 시므이는 다윗에게 돌을 던지면서 줄 곧 욕설과 저주를 퍼부었다. 다윗의 딱한 처지를 조롱하며 하나님이 다윗 같은 살인자에게 마땅히 받아야 할 형벌을 내리시는 것이라고 저주하였다. 그때 다윗의 심복 장수 아비새가 참다못해 그를 죽이겠다고 하자 다윗은 그를 말리며 이렇게 말한다.

'주님께서 나를 저주하라고 분부하셔서 그가 나를 저주하는 것이라면 누가 그를 나무랄 수 있겠느냐?' 혹 주님께서 오늘의 저주 때문에 선으로 내게 갚아 주실지 누가 알겠소?'

이후 다윗 왕과 그를 따르는 온 백성이 요단강에 이르렀을 때 거기에서 쉬면서 기운을 되찾았다고 성경은 기록하고 있다. 나는 바후림에서 무고를 당했던 다윗이 보여 준 태도가 훗날 하나님이 다윗을 높이 평가했던 이유 중의 하나라고 믿는다. 심판은 내 몫이 아니고 오직 하나님의 몫이다. 나는 오직 유일한 피난처 되신 하나님께 피할 뿐이다. 하나님은 이러한 다윗을 다시 높여 주셨다. 바후림을 통과함으로써 받게 되는 축복이다.

바후림을 지날 때, 우리가 아직 죄인 되었을 때, 즉 하나님을 떠난 죄에 대한 병식(insight)이 없었을 때, 우리를 위해 죽어 주셨던 예수님을 떠올린다. 나를 공격하는 사람의 심리를 간파해도 소용없다. 예수님 역시 십자가에 달리셔서 하나님 아버지께 "저들을 사하여 주옵소서 자기들이 하는 것을 알지 못함이니이다"(눅 23:34)라고 간청하셨다. 세상 심리학은 이런 사람들과 인연을 끊으라고 말한다. 하지만 예수님은 그들이 무엇을 잘못하고 있는지도 모를 때 대신 희생할 수 있느냐고 물으신다. 그래도 사랑으로 품을 수 있느냐고, 믿음으로 기다릴 수 있느냐고 물으신다. 그래서 이제는 나의 바후림 시절을 오직 예수를 생각함으로 참았다고 주 앞에 설 때 말할 수 있는 자랑스러운 축복의 시간이었다고 고백할 수 있을 것 같다.

"나로 말미암아 너희를 욕하고 박해하고 거짓으로 너희를 거슬러 모든 악한 말을 할 때에는 너희에게 복이 있나니 기뻐하고 즐거워하라 하늘에서 너희의 상이 큼이라 너희 전에 있던 선지자들도 이같이 박해하였느니라"(마 5:11-12).

순종: 영적 옴(Ohm)의 법칙

매일 아침, 나는 내 이기적인 자아(ego)를 십자가에 못 박지 않으면 안 된다는 절박감을 느낀다. "이제는 내가 사는 것이 아니요 오직 내 안에 그리스도께서"(갈 2:20) 사시기를 간절히 바라기 때문이다. 크리스천 래퍼 랙래(LeCrae)는 이렇게 말한다.

"매일 아침 나는 장례식에 참석해야 한다. 내 장례식 말이다. 나는 깨어나 사람들의 인정을 받고자 하는 욕망에 다시 한번 죽어야 한다"(Each morning I have to attend a funeral. My own. I have to wake up and once again die to my desires for people's approval).

장례식이란 사람들의 인정을 갈망하는 욕구를 묻어 버리는 의식이요 경쟁이라는 세상의 가치에 순응하고 싶은 마음을 버리는 일이다.

나(ego)라는 저항을 줄일수록 나를 통해 하나님이 일하시는 것을 볼 수 있다. 나는 이것을 '영적 옴(Ohm)의 법칙'이라 부르고 싶다. 물리학의 옴의 법칙은 'I(전류)＝V(전압)/R(저항)', 즉 전류가 전압에 비례하고, 저항에는 반비례함을 보여 준다. 하나님의 무한한 능력이 전압이라면, 저항은 내 자존심과 교만과 죄라고 할 수 있다. 전류는 생명의 역사이자 성령님의 교통하심이다. 전압은 높은 하늘 보좌에서 천한 말구유로, 또 골고다 언덕 위 십자가로 떨어지신 낙차로 인해 발생하지 않았을까?

전압은 무한하지만 내 자아가 펄펄 살아 있으면 생명의 전류가 흘러갈 수 없다. 바로 이 저항을 낮추는 스위치가 바로 '기도'일 것이다. 그래서 나는 기도를 예수님처럼 죽는 연습으로 여긴다. 나에게 예수님을 닮아 간다는 것은 저항을 '0'으로 만드는 일이다. 내가 죽고 마음이 가난해지면, 내 안에 예수님이 일하심을 본다. 상황이 하나도 호전되지 않아도 예수님의 생명이 우리 몸에 드러난다.

"우리가 사방으로 우겨쌈을 당하여도 싸이지 아니하며 답답한 일을 당하여도 낙심하지 아니하며 박해를 받아도 버린 바 되지 아니하며 거꾸러뜨림을 당하여도 망하지 아니하고 우리가 항상 예수의 죽음을 몸에 짊어짐은 예수의 생명이 또한 우리 몸에 나타나게 하려 함이라"(고후 4:8-10).

이것이 바로 내가 바라 마지않는 삶이다. 세상이 보기에는 아무것도 없는 것 같고 이리 치이고 저리 치일 것 같은데, 내가 죽은 자리에 예수님의 생명이 있기에 오늘도 주님과 동행할 수 있다.

누가복음 5장에서 예수님은 밤새 애썼지만 고기를 잡지 못했던 어부 시몬 베드로에게 "깊은 데로 가서 그물을 내려 고기를 잡으라"(눅 5:4)라고 말씀하신다. 그 말씀에 순종하니 그물이 찢어질 정도로 많은 고기가 잡혔다. 그런가 하면, 요한복음 21장에서는 부활하신 예수님이 전날 고기를 하나도 잡지 못한 시몬 베드로에게 찾아오셔서 "그물을 배 오른편에 던지라 그리하면 잡으리라"(요 21:6) 하고 말씀하신다. 그런데 이번에는 그물이 가득 찼지만, 찢어지지는 않았다.

나는 그물이 처음에는 찢어졌으나 부활한 주님을 만났을 때는 찢어지지 않았다는 사실에 주목한다. 내 삶의 도구이자 자존심인 '그물'이 찢어져야만 주님이 내 안에 들어오실 수 있다. 그러나 베드로처럼 그물이 찢어지는 경험을 이미 하고 나서 부활한 주님을 알아보고 동행하는 사람의 그물은 더 이상 찢어지지 않을 것이다. 삶의 자리에서 우리에게 주어진 '그물', 곧 능력이나 달란트가 주님의 축복을 유통하는 데 쓰임 받게 된다는 뜻이다.

가성비 논리에서
해방되기

가성비로부터의 해방, 사명의 시작
—

전공의와 전임의 수련을 받을 때, 의사 동료들과 많이 하는 이야기 중 하나는 누가 더 환자를 많이 또는 적게 보았느냐는 것이다.

"같이 당직을 서고 같이 병동을 맡는 주치의 생활을 하는데 꼭 누구는 환자가 넘치도록 많더라. 계속 밤에 환자들이 입원해서 밤 당직을 서면서 한 번도 제대로 쉴 수가 없었다더라. 그런데 누구는 환자가 없어서 밤새 당직실에서 편히 잤다더라."

자신이 당직인 날 유난히 치료해야 할 환자 수가 많은 전공의를 한국에서는 환자를 탄다는 뜻에서 '환타'라고 부르고, 미국에서는 '검은 구름'(black cloud)이라고 부르기도

한다. 같은 월급 받고 같은 수련을 받는데 누구든지 조금 더 수월하게 할 수 있는 환경을 마다할 사람은 없다. 그런 데, 동료들이 환자를 많이 본다고 자괴감을 가지거나 내가 환자를 적게 보았다고 다른 동료들에게 자랑하는 것을 주요 화젯거리로 삼는 것을 보면서 마음이 불편했다.

수입이 정해져 있는 수련의 때와는 달리 오히려 개업하면 최소의 노력으로 많은 환자를 유치하는 것을 원한다. 가장 적은 노력과 비용으로 가장 큰 성과를 올릴 수 있는 '가성비'를 나 역시 중요하게 고려했었다. 성과가 크게 차이가 나기 어려운 구조라면 그 안에서 어떻게 상대적으로 좋은 삶의 질(QoL; quality of life)을 추구할 수 있는지에 관심이 있었다. 그런 전공이 무엇인지, 그런 직장이 어디인지에 관심이 있었다. 실제로 나를 포함하여 한국보다 미국에서 의사 생활을 하고 싶어 하는 많은 의사들 마음에는 이런 동기가 있다.

그런데 내 신앙이 자라면서 신기하게 많은 경우 더 이상 가성비에 관심이 가지 않았다. 주님이 주신 사명은 가성비에서 해방될 때 비로소 시작됨을 깨달았다. 많은 경우 내가 예상하지 못한 방식과 때에 하나님이 공급해 주심을 경험하면서 처음 생각했던 가성비의 공식은 더 이상 의미를 잃게 되었다. 무엇보다 내가 성공을 하고 안 하고보다도 그저 그 사명을 감당하고 있음 그 자체에 의미를 두게 되었다. 내가 남의 성공을 나의 성공에 앞서 섬기게 되면 나의 성공은 전적으로 하나님이 책임져 주실 거라는 믿음이 생겼다. 세상에서 명예와 물질을 가지게 되지 않더라도 하나님이 인정해 주시는 것 하나면 충분함을 알게 되었다.

나는 내가 왜 의사가 되었는가, 내가 지금 하고 있는 일을 왜 하는가의 질문을 지금도 나 자신에게 자주 한다. 특히 내가 대학교수로서 의대 입학이나 취직을 위한 자기소개서를 읽거나 추천서를 써 주면서 이 질문에 내 제자들이 어떻게 답하고 있는지를 유심히 본다. 아무도 이런 공식적인 글들에서는 가성비 이야기를 하지 않는다. 매우 감동적인 초심을 발견하고 내심 기뻐할 때도 많다. 그들의 내용이 모두 깊은 진심이길 바란다. 그러면서, 나 자신에게도 나의 초심으로 돌아갈 것을 권한다.

나는 나에게, 서투른 마음으로라도 환자를 사랑하기를, 그들의 회복을 함께 기뻐하기를, 그들의 상심에 함께 가슴 아파하기를, 그 '첫 마음'으로 '가성비'를 이겨 내기를 힘써 주문한다. 세속의 '가성비'를 거룩한 '낭비'로 이겨 내기를 주문한다. "낭비"라는 제목의 시를 지어 내 마음을 담았다.

낭비

채영광

원가를 알면 낭비할 수 없다
들인 시간을 생각하면 낭비할 수 없다
계산기를 꺼내면 낭비할 수 없다

그래서 낭비를 연습한다
값을 묻지 않기
시간을 생각하지 않기
계산하지 않기

그래서 사랑을 연습한다
기쁨으로 퍼주기
아낌 없이 내어주기
더 주지 못해 미안해하기

징그러운 가난을
손님처럼 맞이하면
깨어진 옥합의 향기처럼
낭비가 내 사랑을 구원할 것을 믿는다

미래의 멘토들에게

—

나는 학교에서, 직장에서 나와 가까이 교감할 수 있는 멘토를 찾았다. 지속적으로 롤 모델이 될 수 있는 스승을 원했다. 하지만 내가 내 제자들, 멘티(mentee)들에게 그런 스승이 되어 주는 것이 더 중요하다는 사실을 나중에서야 깨달았다. 그리고 내 제자들이 또 그들의 제자들에게 소중한 스승이 될 수 있도록 그들을 멘토링했다. 내가 이 연쇄반응(chain reaction)의 시작이 될 수 있다는 것만으로도 이제 가슴이 뛴다. 어떻게 하면 환자들을 더 사랑할 수 있는지 미래의 멘토들을 가르치면 그 혜택은 그들의 환자들과 제자들에게 돌아간다. 그렇다, 나는 미래의 멘토들을 섬기는 멘토라는 자부심이 있다.

돌이켜 보건대 나의 진정한 멘토는 예수님이다. 그분의 흠이 없는 인격과 끝이 없는 사랑에서 늘 영감을 얻는다. 매일 아침 그분의 지혜를 구한다. 내 인생의 작가이자 연출자 되신 그분께 대본을 받고 연기 연습을 한다.

그래서 나의 캠퍼스 사역은 앞에서 언급했듯이 '카메오 사역'이다. 예수님께 대본을 받고 각자 제자들의 삶에 조연으로 출연한다. 그리고 내 역할이 사라지면 퇴장한다. 가끔 멘토링을 하면서 마음이 불편해질 때 내 마음을 조명해보면 '이 친구가 나를 우습게 보나'라는 생각이 있음을 보게 된다. 나에게 말도 안 되는 것을 주문하는 멘티들에게 '내가 그렇게 만만한가' 하고 고민한 적도 있었다. 하지만 나는 연출가가 주는 사인에 맞추어 내 역할만 충실히 감당하면 된다. 내 제자들이 내 어깨를 발판 삼아 나보다 잘되었으면 하는 마음이 생겼다. 자기가 한 희생 밖에는 눈에 보이지 않을 때도 그들을 판단하기보다 진정 큰 그림을 볼 줄 아는 의사와 연구자가 되기를 바라게 되었다.

고수의 눈으로 보면 견적이 나온다. 싹수가 보인다. 스펙을 보고 인터뷰로 몇 마디 해 보면 어떤 잠재력을 가진 사람인지 이제 어느 정도 파악할 수 있다. 어떤 제자에게는 이제 그만 포기하는 것이 좋겠다는 말이 혀끝까지 나왔던 적이 있다. 그 정도 능력으로는 가망이 없어 보인다고 이야기해 주고 싶을 때도 있었다.

하지만 내가 확실히 포기한 것이 있다. 내가 하나님의 자리에 서는 것. 하나님의 자리에서 다른 사람을 판단하고 평가하는 것. 하나님이 멈추라고 할 때까지는 내가 멈추게 하지 않는 것이다. 이제는 하나님이 역사하시면 내가 보기에 형편없어 보이는 사람도 근사하게 사용 받을 수 있다고 믿는다. 오히려 하나님은 세상적으로 뛰어난 스펙의 사람을 사용하지 않으시고 서투르고 실패투성이인 사람을 쓰실 때가 많다. 그래서 미래의 멘토들에게 이야기한다. 모

든 사람을 반드시 성공할 사람처럼 대하라고. 모두 대기만
성형 인재들이라고. 조금 늦게 꽃이 필 사람들(late bloomer)
이라고.

"하나님께서 세상의 천한 것들과 멸시받는 것들과 없는
것들을 택하사 있는 것들을 폐하려 하시나니"(고전 1:28).

가서 당신도
그렇게 하시오

인생을 변화시키는 소명의 순간이 있다
—

착한 사마리아인의 이야기(눅 10:30-37)는 전형적인 선교 (mission)의 모델이다. 어떤 사람이 예루살렘에서 여리고로 내려가다가 강도를 만나게 된다. 제사장과 레위인은 이 다친 사람을 보고 그냥 지나갔다. 하지만 유대인들이 멸시하는 사마리아인은 이를 보고 구제해 준다. 예수님은 이것을 빗대어 어려울 때 진정 도와줄 수 있는 이웃은 누구인지 묻는다.

선교지에서든 우리의 직장에서든 선교사로 살아가기 위해 우리에게 필요한 것들을 이 이야기 속에서 생각해 볼수 있다. 제사장과 레위인은 다친 사람을 보고도 그냥 지나갔다. 자기 직분의 일이 바빠서일 수도 있고, 사마리아인이 싫어서일 수도 있다. 하지만 징작 멸시당하던 사마리아인은 죽어 가는 사람을 보고 구해 준다. 그에게 그곳을 그냥 지나칠 수 없었던 그 무언가가 있었다. 성경에는 단지 사마리아 사람이 "그를 보고 불쌍히"(눅 10:33) 여겼다. 다른 그 무엇보다 다친 사람을 도와야 한다는 내면의 소리에 귀를 기울인 것이다. 남이 도울 수 있겠지라는 생각이 아니라 내가 이 사람을 도와야겠다는 강한 소명 의식이 엿보인다.

다윗이 골리앗의 하나님을 향한 모욕을 참을 수 없어 전장 맨 앞으로 나온 것도 이 내면의 소리에 순종했기 때문이다. 예수님 역시 기도하는 집인 하나님의 성전을 어지럽히는 장사꾼들을 내버려 둘 수 없었다. 전 세계 어린아이들을 예수 그리스도의 마음으로 양육하는 '컴패션'은 한국 전쟁 중에 쓰레기통에 버려진 한 고아의 시체를 본 미국인 에버렛 스완슨(Everett Swanson) 목사가 1952년 창설한 국제 어린이 양육 기구로, 전 세계 25개국에서 활발히 활동하는 국제 구호 단체이다. 이태석 신부는 남수단의 가난과 질병으로 고난받는 사람들이 눈에 밟혀 남은 생애를 그곳 선교사로 헌신하셨다.

인생을 변화시키는 소명(life-changing calling)을 듣는 순간이 있다. 뽀빠이가 올리브를 구하기 위해 시금치를 먹고 변신하는 시간이다. 하나님 나라가 없는 곳에 하나님 나라를 선포하는 진정한 선교사가 되는 시간이다. 직장에서도 복음을 모르고 중환자실에서 죽어 가는 환자를 그냥 두고 갈 수 없는 마음이 든다면, 그것이 선교의 시작이다. 병실에서 염려로 지칠 때로 지쳐 있는 환자 가족을 위해 복음으로 격려하고 위로하고 싶다면, 그곳이 의료 선교지가 될 수 있다. 실제 故 안수현 선생님에게 병원은 선교지 그 자체였다. 당신의 자녀를 가슴 아파하는 하나님의 마음과 내 마음이 하나가 될 때 의료 선교는 시작된다. 환자와 함께 아파하는 경우가 많아졌다.

그런데 마음만으로는 부족하다. 내 육체, 물질, 시간을 바쳐서 실제로 도와야 한다. 내가 이 사람을 도움으로써 내가 투자한 시간과 돈을 보상받을 수 있을까 하는 생각이 든다면 돕지 않는 것이 낫다. 내가 돕기로 마음먹었다면, 내 능력 안에서 최선을 다해 돕는 것이 진정한 헌신이다.

성경에는 사마리아인이 "그에게 가까이 가서 기름과 포도주를 그 상처에 붓고 싸매고 자기 짐승에 태워 주막으로 데리고 가서 돌보아"(눅 10:34) 주었다고 기록되어 있다. 내 시간과 물질을 희생하여 내 유익을 구하지 않고 온전히 섬기는 이 사마리아인이야말로 선교사의 롤 모델이 아닐까?

마지막으로, 이 이야기는 의료 선교의 지속성에 대해

생각하게 만든다. 성경에는 "그 이튿날 그가 주막 주인에게 데나리온 둘을 내어 주며 이르되 이 사람을 돌보아 주라 비용이 더 들면 내가 돌아올 때에 갚으리라"(눅 10:35)라고 부탁했다고 기록되어 있다. 한 번만 돕고 잊는 것이 아니고, 지속적으로 섬기는 헌신이다. 내 양을 치라고 주님은 베드로에게 세 번 이어서 말씀하셨다. 의료 사역 역시 목양이다. 지속성을 가지고 마음을 써야 한다. 선교지에서 만난 어린아이든, 병동에 입원한 환자든 지속적으로 시간과 에너지를 쏟아 섬겨야 한다. 의료 선교의 원동력이 주님의 사랑일진대, 사랑은 무엇보다 '오래' 참고, 또 '오래' 견딘다고 했다.

직접 보살필 때 이웃이 된다

단기 의료 선교 참가자 중에 가서 약봉지나 뿌리고 오는 것 같아 회의가 든다는 이야기를 들은 적이 있다. 매년 가도 일회적인 도움의 반복인 것 같다는 말도 들린다. 선교의 방법은 여러 가지고 정답은 없다. '맨발의 천사' 故 최춘선 할아버지는 '사명은 각자요 충성은 열매 가운데 하나요'라 말씀하셨다. 의료진의 얼굴도 보기 힘든 곳에 한 번이라도 그들을 찾아가서 사랑의 제스처를 보였다는 것, 그들을 품고 기도한다는 것으로도 주님이 의료 선교라는 '예배'를 받으셨다고 본다.

기업에서 각 부서의 비즈니스가 다르듯, 교회에서 각 지체가 사역하는 부서가 같지 않듯이 의료 선교도 다양하다. 수술할 수 있는 의사가 없는 곳에서 언청이 수술, 척추측만증 수술을 해 주시는 분도 있다. 선진국에서 남아도는, 다시 쓸 수 있는데도 버려지는 약이나 의료 기구를 선교지로 공급해 주는 사역을 하시는 분들도 있다. 선교지에 의과대학, 간호대학을 세워 현지 의료 인재 양성에 헌신하신 분들도 본다. 또 선교지의 예방, 교육, 장기적인 검진 사업 등에 헌신하신 분들도 보게 된다. 내가 존스홉킨스 보건대학(Johns Hopkins Bloomberg School of Public Health)에서 공부할 때, 많은 이들이 이 일에 헌신했다. 지역 사회 역량 강화(community empowerment)라는 개념으로 그곳에서 현지 전문가들을 키웠다. 하지만 어떤 사역이 더 중요하고 덜 중요하고를 결정하는 것은 생명에 값을 매길 수 없는 것과 같다.

알프레도 소머(Alfred Sommer) 보건대학원 전 총장은 제3 세계 유아, 아동들이 비타민 A를 일 년에 두 번 복용했을 때 일 년 후 사망률이 34% 감소하는 것을 무작위 배정 임상 시험으로 증명했다. 비타민 A 결핍 아동은 면역력이 낮아 전염병에 걸렸을 때 사망 위험률이 훨씬 높기 때문이다. 이 사업은 말라리아 지역의 모기장 공급 사업과 함께 가장 비용 효과적(cost-effective)인 생명을 구하는 귀한 의료 사업으로 인용되고 있다. 이에 반해 어쩌면 재발한 급성 백혈병 환자를 위한 성공을 장담할 수 없는 수억의 돈이 드는 골수 이식을 지원하는 일은 낭비처럼 보일 수 있다. 하지만 이 두 가지 일 모두 주님의 눈에는 귀한 일이며, 각자 주님 주시는 마음으로 판단 없이 섬기는 것이 중요하다.

의료 사역에는 경중이 없고 귀천이 없다. 내가 공중보건 의로 일할 때 3년 동안 거의 매달 서해안 풍도, 육도라는 섬으로 배를 타고 이동 진료를 다녔다. 그때마다 미용 봉사를 하러 미용사들이 같이 가셨다. 그분들이 참 귀하다는 생각이 들었다. 선교지에서도 미용 사역하는 분들이 많이들 의료 선교팀과 같이 일하신다. 내 마음에 의료 사역이 미용 사역보다 중요하다는 생각이 든다면, 그때가 바로 내가 정신 차리고 회개해야 할 순간일 것이다.

착한 사마리아인의 비유 이야기로 다시 돌아가 보자. 그이야기가 끝나는 부분에 성경에는 이렇게 쓰여 있다. 예수님이 "당신은 이 세 사람 중에 누가 강도 만난 자의 이웃이라고 생각합니까?" 하고 묻자 율법학자가 대답한다. "그에게 자비를 베풀어 준 사람입니다." 그러자 예수님이 그에게 말씀하셨다. "가서 당신도 그렇게 하시오." 이 착한 사마리아인 이야기는 율법학자가 예수님께 "누가 우리의 이웃입니까" 하고 물었을 때 예수님이 그 대답으로 해 준 이야기다.

사실, 예수님은 사마리아인에게 착하다고 이야기한 적이 없다. 단지 후에 사람들이 착한 사마리아인의 비유라고 이 이야기를 부르게 된 것뿐이다. 핵심은 사마리아인처럼 착하게 살라는 것이 아니다. 예수님은 그런 사람이 착한 사람이고 이웃이라는 설명을 하시는 것이 아니다. 내가, 우리가 바로 그렇게 하라고 명령하신다. 도움이 필요한 이에게 도움이 되라 하신다. 치유가 필요한 사람들을 직접 보살피라 하신다.

그런데 여기에 비밀이 있다. 그렇게 도울 때 내가 진정한 이웃, 하나님의 참 자녀 됨의 기쁨을 누릴 수 있다. 사마리아인이 곤경에 빠진 죽어 가는 유대인을 보고 자기들을 개만도 못하게 여기는 원수 같은 유대인이 꼴 좋게 되었다고 침 뱉고 지나칠 수도 있었다. 그렇지만, 그런 감정은 뒤로 하고 자기 가족을 대하듯 그를 정성껏 보살펴 주고 살려 낸다. 주님이 우리도 그렇게 하라 하신 말씀은 우리가 진정한 이웃으로 살아가기 위해서는 그렇게 해야만 하기 때문이다. 사마리아인이 유대인을 살려 낼 때 오히려 그 행위로 인해 그렇게 증오했던 유대인을 용서하고 사랑할 수 있게 된다. 언뜻 보면 '너는 건강하니 아픈 사람을 구하라'는 메시지로 보이지만, 사실은 '너 자신이 영적으로 회복되기 위해서 다른 이의 회복을 도우라'는 뜻이다.

사실, 주님이 주시는 명령은 결국 모두 우리 자신의 유익을 위함인 것과 같다. 선교를 다녀온 많은 분들이 은혜를 끼치러 갔는데 오히려 자신이 제일 많은 은혜를 받고 왔다는 간증을 많이 하신다. 같은 맥락이다. 나는 주러 갔는데 너무 많이 받고 왔다고들 말한다. 예수님 말씀은 가서 그렇게 하면 바로 우리가 산다는 말씀이다. 선교는 궁극적으로 우리 자신이 주 안에서 풍성하게 살기 위해 주어진 사명이요, 축복이다.

또 중요한 점이 있다. 사마리아인은 도와주어야 할 이유를 강도 만난 자에게서 찾지 않았다. 도움받을 자격과 가치가 있는가 따지지 않았다. 따진다면 오히려 재수 없다고 피해 갔을 상황이다. 하지만 그는 하나님이 주신 건강과 물질로 자신이 도움이 필요한 자를 도울 수 있는 위치에 있음에 초점을 맞추었다.

내가 한 환자를 더 신경 써 돌볼 이유가 환자에서 나오지 않는다. 환자는 내가 하는 말들을 이해하지 못하고, 보호자가 나를 짜증 나게 한다. 근무 시간이 지났는데, 환자가 호출해 질문한다. 내가 도움을 줄 이유를 무례한 환자에게서 찾아서는 안 된다. 그 사마리아인처럼 내가 현재 도움을 줄 수 있는 위치에 있다는 것에서 발견해야 한다.

우리 자신도 인생의 어느 순간에 '강도 만난 자'가 될 수 있다. 장애인 사역하시는 분들은 우리 자신도, 우리 가족도 어느 한순간 장애인이 될 수 있으며, 장애인을 돕는 것은 미래의 우리 자신을 먼저 돕는 사역이라는 말씀을 하신다. 어쩌면 성경에 나온 사마리아인 역시 자기가 다쳤을 때 한 행인이 자기를 도와준 따뜻한 기억을 가지고 있었는지도 모른다. 내가 곧 강도 만난 자이자 동시에 강도 만난 자의 이웃이라는 이러한 인식은 선교의 패러다임을 바꾼다. 선교는 해도 좋고 안 해도 좋은 것이 아니다. 강도 만난 나와 내 이웃이 살기 위해, 또 앞으로 강도 만날지 모를 나와 내 이웃을 살리기 위해 해야 하는 주님의 명령이다.

포도나무 사역을
꿈꾸다

부흥의 잔잔한 물결
—

우리 연구실을 거쳐 가신 분들이 '처음으로 하나님을 전하고 싶어졌다'는 말씀을 해 주시곤 한다. 시카고가 아닌 다른 지역의 병원으로 직장을 잡아 이동하시는 분들이 '선교사로 파송되는 마음으로 가겠습니다'라고 말해 주기도 한다. 그래서 여기 시카고의 작은 연구실에서 부흥의 잔잔한 물결이 이미 시작되었구나 생각한다.

의학교육의 세 가지 원칙이 있다. '보고, 해 보고, 가르치라'(See one, do one, teach one)가 그것이다. 여기 연구실에서도 서로를 위해, 환자를 위해 진심으로 사랑하고 기도하고 배려하는 것을 보고, 해 보고, 서로 격려함으로써 변화가 일어난다. 나는 내 제자들에게 내 일상을, 내 진료를, 내 연구를, 내 기도의 삶을 마치 공중파 다큐멘터리를 찍는 느낌으로 가감 없이 보여 준다. 그러면 마치 선교사가 선교지에서 원주민과 같이 살 때 그들의 삶이 변화되듯이, 그들의 삶도 변화되는 것을 목격한다. 그리고 그들이 전 세계에 퍼져서 또 다른 제자들을 양성하는 것을 상상한다. 그들이 부흥의 씨앗이 되어 하나님의 부흥이 전파되는 꿈을 꾼다. 그려 보기만 해도 가슴 벅찬 꿈이다. 19세기 말 영국 케임브리지 부흥 역시 학생 7명의 작은 모임에서 시작되었음 기억한다.

예전에는 부흥을 거대한 것으로만 생각했다. 하지만 이제는 하나님이 주권적으로 꾸준히 일하심을 그저 목도하는 것일지 모른다고 생각한다. 하나님을 만날 수 있는 그 자리를 나는 만들어 주기만 하면 된다. 판을 까는 사역이다. 자격 없는 우리는 그저 주어진 은혜의 특권이 있는 그 자리에 서 있기만 하면 된다. 하나님과 이웃의 중간이 되면 된다. 주님이 시작하신 일을 주님이 완성하시도록 내가 자리를 만들어 드리는 사역이다.

이정록 시인은 자신의 시 "의자"에서 이렇게 말했다. "꽃도 열매도, 그게 다/의자에 앉아 있는 것이여"라고. "사는 게 별거냐/그늘 좋고 풍경 좋은 데다가/의자 몇 개 내놓는 거여"라고. 하나님의 부흥도 의자를 내어 드릴 때 일어나지 않을까?

이름을 짓다: 포도나무(Grapevine) 사역

시카고에서 하고 있는 사역이 더 많은 진료실과 연구실로 퍼져 나갈 수 있다면 얼마나 좋을까 하는 생각이 이 책을 쓰면서 들었다. 빚진 자의 마음으로 집필 중인 책을 위해 기도하는 와중에 하나님이 주신 마음으로 여겨졌다.

제자들을 위해 내 사역을 간증하던 지난 화상 미팅에 나도 모르게 김태훈 선교사님이 출판사 담당자를 초대하신 적이 있었다. 담당자가 나의 간증을 들으시고 이 일들은 모방할 수 없는 사도행전적인 하나님의 사역이라 격려해 주셨다. 감사하게도 나에게 꼭 책으로 남겨 줄 것을 부탁하셨다. 그런데 이제는 이 진료실과 캠퍼스의 사역이 모든 멘토가 '모방할 수 있는' 사도행전적 사역이 되길 바라는 소망이 생겼다.

그래서 내 연구실(Chae Lab) 사역이 아니라 예수님이 직접 인도하시는 사역임을 뜻하는 새로운 이름을 짓고 싶어졌다. 내 이름이 사라지고 오직 예수님의 이름이 드러나길 원하는 마음이 생겼다. "그는 흥하여야 하겠고 나는 쇠하여야 하리라"(요 3:30).

내 연구실 동문들과 멘토들에게 공모하여 투표한 결과

이 사역에 '포도나무'라는 이름을 지어 주었다. 예수님이 말씀하셨다.

"나는 포도나무요 너희는 가지라 그가 내 안에, 내가 그 안에 거하면 사람이 열매를 많이 맺나니 나를 떠나서는 아무것도 할 수 없음이라"(요 15:5).

이 사역 이름에 다섯 가지 뜻이 있다. 첫째, 포도나무 되신 예수님은 우리의 유일한 공급원 되신다. 나의 사역도, 다른 멘토들의 사역도 아닌 오직 예수님의 사역이시라는 뜻이다.

둘째, 우리는 가지일 뿐이다. 통로일 뿐이다. 나무 없이는 아무것도 할 수 없다. 포도나무는 특히 가지가 목재로서 아무 쓸모가 없다. 오직 열매로 평가받는 나무가 포도나무이다. 예수님께 붙어있지 않으면 아무것도 아니다. 거꾸로 붙어있기만 하면 모든 것을 공급받는다. 그래서 이 사역의 핵심은 그냥 붙어 그 자리에 있기다. 그러면 주님의 공급하심을 목도하는 축복을 얻는다.

셋째, 농부 되신 하나님을 의지한다. 포도나무 되신 예수님 역시 농부 하나님께 구했다. 우리 역시 어떠한 순간에도 하나님을 인정하고 경외한다.

넷째, 포도나무의 열매는 포도가 아니라 또 다른 포도나무다. 그 유일한 길은 내 자아(포도씨)가 죽고 내 안에 예수

(포도나무)가 사는 것이다(갈 2:20). 제자가 스승이 되고 그 스승이 다시 제자를 키우는 일이다.

마지막으로, 예수님과 친구가 되는 사역이다. 종이 아닌 친구에게는 비밀이 없다. 아버지께 배운 모든 것을 예수님은 우리에게 알려 주셨다(요 15:15). 포도나무는 가지에게 숨기는 것이 없다. 모든 것을 아낌없이 준다. 포도나무와 가지가 친구로서 동역하여 함께 열매를 맺어 가는 것이 이 사역이다. 나아가 환자들, 또 제자들과 친구가 되는 사역이다. 예수님은 "사람이 친구를 위하여 자기 목숨을 버리면 이보다 더 큰 사랑은 없나니"(요 15:13)라고 말씀하셨다. 이 사역은 환자들을 위해, 제자들을 위해 죽는 사역이다. 내 고집과 내 자존심을 내려놓고 '친구처럼' 동역자들을 믿음 안에서 섬기고, '친구처럼' 환자들을 격려하고, 그 가족들을 위로하는 사역이다. 이 사역이 이제는 '포도나무' 사역의 이름으로 전 세계에 우후죽순처럼 퍼져 나갈 것을 꿈꾼다.

포도나무 사역에 담긴 정신을 표현하는 노래를 연구실의 학생과 함께 만들어 보았다. 〈그 자리에 서리〉(정찬미/채영광 작사, 정찬미 작곡)라는 제목이다. "아버지 내 안에 사랑을 부으소서/내 맘에 아버지 나라 임하여 주소서/병든 몸과 맘 함께 아파하신 주/오늘 생명의 주님만 의지합니다.//아버지 내 안에 긍휼을 부으소서/내 맘에 아버지 뜻이 이뤄지게 하소서/고통하는 영혼 함께 아파하신 주/오늘 생명의 주님만 의지합니다.//한 영혼을 향한 주님의 마음 부으실 때/치유와 회복 있는 그 자리에 서리/한걸음 한걸음 인도하심따라 순종하는 우릴 통해/주의 형상 회복되리/주의 나라 임하시리/우리 그 자리에 서리."

내가 포도나무 사역에서 늘 초점을 두는 것은 어떤 일이든 주님이 당신의 때에 당신의 방법으로 직접 이루실 것을 온전히 믿는 일이다. 구체적 목표와 전략을 정해 두고 일을 할 때 많은 경우 과도한 조바심과 부담감으로 일을 할 수 있기 때문이다. 나는 하나님께 이러한 마음을 가사와 노래로 표현하고 싶다고 기도했다. 한 번도 노래를 만들어 본 적이 없는 나에게는 놀라운 기도였다.

감사하게도 허락하신 제자들의 도움으로 〈이루시리라〉(작사/작곡 채영광)는 포도나무 사역의 두 번째 노래를 만들게 되는 은혜가 있었다. 유튜브 〈Grapevine Ministry〉 채널에 두 곡이 올라가 있다. 가사는 이렇게 진행된다.

"너에게 없는 것에서 시선을 거두고/주님이 너에게 예비하신 것을 바라보라//너로 인해 기뻐하시는 하나님을 만나고/그의 크신 품 안에서 편히 쉬어라//예수를 가졌으면 모든 것을 가진 것이니/그가 때가 되면 이루시리라 너

의 때가 아니라//예수의 이름으로 능치 못할 것이 없으니/
오직 말씀으로 이루시리라 당신이 이루시리라//나 비록
어둠속에서 앞 보지 못해도/주님이 주신 모든 것 감사하
며 누리네//나를 즐거이 부르시는 하나님을 만나고/살아
계신 주 안에서 평안 누리네//예수를 가졌으면 모든 것을
가진 것이니/그가 때가 되면 이루시리라 나의 때가 아니
라//예수의 이름으로 능치 못할 것이 없으니/오직 사랑으
로 이루시리라 당신이 이루시리라."

I

이상한 포도원을 꿈꾸다

딸과 함께 갔던 멕시코 의료 선교 여행 둘째 날 간증을 부탁받았다. 첫날 여독과 진료로 몸은 피곤했지만, 마음은 설레었다. 어떤 이야기들을 나눌까? 도시 외곽 숙소를 향해 덜컹덜컹 비포장도로를 달리던 승합차 안에서 주저 없이 골랐던 이야기가 있다. 앞에서 나누었던 마태복음 20장의 포도원 이야기였다. 함께 간 대학생들에게 우리 역시 포도원 주인처럼 살면 좋겠다고 제안했다.

그런데 이 책을 마무리하면서 내가 하고 있는 일들을 돌아보면서 나의 사역지, 나의 선교지가 바로 이 포도원이라는 생각이 들었다. 두 해가 지난 지금 내가 연구실에서, 또 진료실에서 하고 있는 일이 포도원 주인의 일과 닮아 있다. 무엇보다 포도원 주인이 기뻐하시는 일이라는 위로가 있었다. 포도의 생산보다도 포도원 일꾼들을 섬기는 일이 우선인 포도원을 하나님이 좋아하신다는 확신이 생겼다.

세상의 방식과는 다르게 '이상하게'(異常한, abnormal) 운영되는 이 포도원이 하나님의 뜻이 이루어지는 '이상(理想)적인' 포도원(ideal vineyard)으로 느껴졌다. 내 진료실과 연구실이 '시카고의 이상한 포도원'이지 않을까 생각했다.

예수님을 만난 우물가의 사마리아 여인은 예수님이 메시아이심을 알아보고 너무 기쁜 나머지 물동이를 버려두고 마을로 돌아가 예수님을 전했다. 이야기는 여기서 끝나지 않고 동네 사람들이 직접 예수께로 갔다. 그리고 그들은 예수를 자기 집으로 초대했고 말씀을 들었다. 그리고 그 여인에게 말했다.

"이제 우리가 믿는 것은 네 말로 인함이 아니니 이는 우리가 친히 듣고 그가 참으로 세상의 구주신 줄 앎이라"(요 4:42).

나의 역할 역시 우물가의 사마리아 여인과 다르지 않다. 예수가 나의 구원자이심을 이 책을 통해 기쁨으로 증거하는 것이다.

하지만 혹 내 이야기를 자기와 관계없는 남의 아버지 이야기로 받아들이고 더 마음의 문을 닫는 사람도 있을 것이다. 오히려 더욱 우울해지거나 서운한 마음이 커지는 이도 있을 수 있다. 세상에 지쳐서 마음이 굳어 버린 사람에게는 그 누구의 성공담도 상처가 되기 마련이다. 그러나 내가 증거하는 하나님은 우리 모두의 하나님이시다. 내 바람은 우리 하나님의 선하심과 성실하심을 함께 자랑하는 것이다. 마치 내 아버지가 나 모르게 했던 선행들을 나중에 알게 되어 '우리 아빠가 최고다'라 외치는 것처럼 말이다.

이 책의 모든 독자들이 사마리아 동네 사람들처럼 예수님을 직접 초대하여 직접 그 말씀에 흠뻑 젖을 수 있기를 축복한다. 그리하여 다 함께 하나님의 생명을 꿈꿀 수 있는 그날이 오길 소망한다.

조정 선수들은 뒤를 바라보고 앉아서 노를 젓는다. 내 삶도 그런 것 같다. 지난 일들만 보인다. 지나온 물길이 보이고 어렴풋이 주님이 행하신 은혜의 물결을 본다. 뒤만 보기에 앞길을 모른다. 내 앞에 어떤 코스가 기다리고 있을지 나는 알지 못한다. 지금까지 일들로 미루어 보건대 또 다른 난코스들이, 메가톤급 고난들이 기다리고 있을 것이라 단지 짐작할 뿐이다. 하지만 나의 배 뱃머리에서 모든 미래를 아시고 나를 인도하시는 예수님을 따라가면 사망도 생명에 삼키운 바 될 것임을 믿는다. 내 계획이 무너지더라도 하나님의 뜻이 이루어질 것을 믿는다.

"사람이 마음으로 자기의 길을 계획할지라도 그의 걸음을 인도하시는 이는 여호와시니라"(잠 16:9).